はじめに

いきなり、勝った。

1年以上にわたり、巨大な化け物が企業の死屍《しし》累々の墓場の中で、ぼくたちを追いかけ回していた。この世で最もおっかない化け物アマゾンが、ぼくたちの製品をコピーして、安値で発表し、こっちの脳みそを食い尽くそうとしていた。でも2015年のハロウィーンに、何の予告もなしに化け物は攻撃をやめ、ごほうびをくれたのだった。

このごほうびは、どんな飴入りの袋よりもいいものだった。アマゾンは競合商品をやめただけでなく、その製品の既存利用者に、ニッコリ顔のついた段ボールに入った小さな四角いカードリーダー（うちの製品だ！）を郵送したのだった。ハッピー・ハロウィーン！　これは何か策略なのだろうか？

2009年にぼくがジャック・ドーシーと共同創設した小さな会社スクエアは、驚異的なことをなしとげたのだった。アマゾンの攻撃を受けて生き延びる可能性は、宝くじも真っ青なほどだけれど、世界で最も危険な企業に肉薄されてもぼくたちはなんとか生き延びた。ただのツキか、それとも何か別のことが起きたのか？ 自分たちが何をやってきたかは知っていたけれど、なぜそれが成功したのかはさっぱりわからなかった。その後3年にわたり、この疑問に答えようとしてきて、やがて本書を書くことになったのだった。

本書はスクエア社の物語じゃない。むしろこれは、スクエア社創業を通じて、産業や時代すら超えて当てはまる現象を見つけたという物語だ。スクエア社は、身近だし語りやすいからぼくには好例だ。でも話がスクエア社だけのことなら、本書を書いたりはしなかっただろう。

スクエア社に起きたことは、事故じゃなかった。あるパターンに当てはまっている。それは驚くほど規則的に繰り返されるパターンだ。そしてそれが起きるときには、それを活用する企業はその業界で世界最大となる。

パターンというのは奇妙なもので、それを一生目にしていても気がつかないことさえある。でもいったん気がつくと、そこら中に見えてくる。ぼくがこのパターンを認識するようになったときは、初めて三次元で世界を見るような感じだった――同じ物体を見ているのに、今やすべてに奥行きがある。視覚が拡大したことで、そのパターンがもっと見えてきた。世界を変えてきたパターンだ。

こうしたパターンでしばしばビジネスに登場するのは、まっとうにする（square up）という狙いだ――それまで不公平だった仕組みに公平性をもたらす、というものだ。まっとうにすることで、相互に組み合わさった一連の発明が一気に生じる。これをぼくは「イノベーションスタック」と呼ぶようになった。企業が持てる最も強力な資産の一つだ。

イノベーションスタックが発達するのは、ほとんどが生存本能に突き動かされてのことだ。もし本当に新しい何かをやろうとしたら、いろいろ新しい問題に出くわす。問題を一つ解決すると別の問題が出てくるし、それも一つではすまないことも多い。この問題―解決―問題という連鎖が繰り返される果てに、独立した発明や相互につながり合った発明の集まりが手に入る。あるいは、失敗する。

失敗したイノベーションスタックが見えないのは、完成されないからだ。そして成功したものはなかなか認識しづらいとはいえ、イノベーションスタックは世界の中核にある――そして歴史上ずっとビジネスを変えてきた。本書はそれを見て取る方法を教えるものだ。

イノベーションスタックを創るにはまず、だれも解決したことのない問題を解決しようとすることだ。ケリをつける、まちがいを糺《ただ》す、未解決の問題を解決するためには、その気がなくてもクリエイティブにならざるを得ない。でもそれでいいのだ。別にカキは好きで真珠を作っているわけじゃないんだし。

スクエア社のイノベーションスタックは、何百万人もの人々が売上を立てて支払いを受ける手伝いをした。それがあまりにすさまじい成長をとげたので、処理する支払い金額は3年にわたり、2ヶ月ごとに倍増した。それはまた、驚異的なことだが、アマゾンからの直接攻撃から守ってくれた。だがそんな力をうまく身につけたのは、スクエア社だけじゃない。

イノベーションスタックは、その時点で見つけるのはむずかしい。時間をさかのぼって振り返るともっと見つけやすい。それは歴史の方向性を変えるものだからだ。実際、歴史のほとんどは単に古代のイノベーションスタックの年代記でしかない。この原理を示す何千もの事例から、ぼくは四つ選んで細かく検討した。その一つがスクエアだ。

でも本書は単に世界を変える企業の話に限らない。そうした企業の背後にいる人々を紹介し、その人々の何が傑出していて何が普通なのかを示したい。ビジネス物語はあまりに傲慢さと英雄物語だらけで、ユーモアと謙虚さがいささか不足気味だ。だから、これから有名な起業家にもお目にかかるけれど、予想通りのやり方ではないかもしれない。というのもぼくは本書で、起業家というのが何やら独得の才能を持つという神話も潰《つぶ》したいと思っているからだ。

起業家は珍しい。珍しすぎるくらいだ。でもそのスキルセットは、そんなに珍しいものじゃないし、あなただって持っているものだと思う。結局それは、ある一つの選択をするかどうかだ。つまり、だれも解決したことのない問題に取り組み、それを解決するために何でもやるか、ということだ。その第一歩は、自分にとって完璧な問題を見つけることだ。

本書にはチェックリストはない。あなたに地図を渡してあげられたらと思うけれど、地図なんて観光客用のもので、探検家の使うものじゃない。ぼくが自分の探検で描いた地図は、あなたの役には立たないけれど、イノベーションスタックなら役に立つ。壮絶な競争相手の攻撃から守ってくれる。かつてはイカレているとか不可能とか思われたこともできるようにしてくれる。そして、それをなんとか創り上げおおせたら、世界のすべてを前進させ、あなたは歴史に名を残す。

では行ってみよう。

目次

イノベーションスタック

だれも解決したことのない、ひとつの問題を解決する（イノベーション）ことで、次々と起こる新たな問題を解決し続けて得られる一連の発明。積み上がったイノベーション。この積み上げが多ければ多いほど、競合他社に真似されにくくなる。

第1部 完璧な問題を解決する

―スクエア社の物語―

スクエア（Square）

設　立 2009年　本　社 アメリカ

創業者 ジャック・ドーシー、ジム・マッケルビー

モバイル決済代行企業。スマートフォンやタブレットを利用してカード決済ができるアプリケーション「Square POS レジ」アプリを開発。さらに「Square Reader」という白く四角い小型ICカードリーダーを製作し、簡単に決済ができるようにした。だれでも加盟できること、低い手数料、手軽な操作等で全米を中心に爆発的に普及した。ちなみにジャックは、ツイッター社の創業者でもある。

第1章　起業家と完璧な問題

今やストーカー行為はえらく評判が悪いけれど、かつてぼくは結構得意だった。標的はいつも同じ。だれか有名なビジネスパーソンだ。当時、学校で起業家精神は教えていなかったから、[1]なんとか自分で指導を受ける方法を発明しなければならなかった。手口は簡単。有名な起業家がセントルイスに講演でやってくるのを待つ。講演後にその講師が演壇から下りるところをつかまえ、空港まで送りましょうと申し出る。[2]

向こうにとっても悪い話じゃない。ライドシェアはまだ20年先のことだし、[3]セントルイスのタクシーは無能なゴロツキが仕切っていて、まるで三バカトリオ（1930年代のアメリカのコメディグループ）の孫がマフィアに入ったようなものだった。タクシーはしょっちゅう、迎車にこなかったり、勝手に遠回りをしたりする。ぼくは最小限の車内芳香剤しかない車を使ったし、向こうもちょっと知恵を分けてくれればすむ。この技法がうまく行かなかったのは、たった一度だけだ。

　そうやって人を空港まで送る中で、ビジネスについていろいろ学んだけれど、本当に学びたいことは一度も学べなかった。何か自分が直面している大きな問題について尋ねると、答えは「無理だな」か「すでにそれをやった人を見つけて、その人の下で10年働くんだね」の変種でしかない。こうした成功者たちのだれ一人として、まだやられていないことを何かやる方法は知らなかった。ぼくは別の種類の人間に会いたかったけれど、何を求めればいいのかわかっていなかった。

正しい言葉

　今の英語には、ここでの主題に相当する単語はないけれど、昔はあった。刺青と同じで、「起業家」という言葉はやたらに使われすぎたので、もうだれもハッとしない。うちのベビーシッターのシャツから、恐い顔の爬虫類が這い出してきても、そいつが「児童ケア起業家」と名乗っても、ぼくはもう跳び上がったりしない。起業家と称する連中は、今や近くのクリーニング屋

1　いまだに教えられていないけれど、ちょっと話が先回りしすぎた。
2　堂々としてまともなスーツを着ていれば、止められることはなかった。何をしているのか尋ねられたら、「講師を空港まで送るんです」と言えばすんだ。
3　恥ずかしながら、セントルイスはアメリカでライドシェアを最後まで認めない都市だった。

からフリーのデザイナーから、街角でレモネードを売る子供たちまで、一山いくらだ——ちなみにその子たちも、今ではスクエアのおかげでクレジットカード払いを受けられるようになっております。

昔はちがった。19世紀末に「起業家 entrepreneur」という言葉が蒸気船に乗ってトコトコと大西洋を横切ってきたときには、それは特殊な種類の人間を意味した。イノベーションを通じて産業を一変させる、リスクを取る人物のことだ。起業家という用語を普及させた経済学者ジョセフ・シュムペーターは起業家を、革命家にして「荒々しき精神の持ち主」と表現した。それは文明の端っこで暮らすならず者で、これまでやられたことのないことをやっているのだ。

でも今日では、ビジネスパーソンはみんな起業家扱いされる。これは観光客を探検家と呼ぶようなものだ。問題は単に字面だけのことじゃない。というのも、本書でぼくが起業家精神について語るとき、それはあるきわめて限定的な意味だからだ。

たとえ話で説明しよう。2011年4月22日、ぼくの故郷の町をひどい嵐が襲った。風がみんなの家の屋根を吹っ飛ばした。風と聞いて、何のことだかわかっていると思うかもしれないけれど、たぶんわかってない。この嵐の風はえらく気まぐれだった。隣同士の2軒の家を破壊して、次の7軒は飛ばして、その次の5軒をまた破壊する、という具合だ。

風という言葉を使わずに竜巻を描写するのはほぼ不可能だ。でも風と言った瞬間、みんないろいろ勝手な想像をしてしまい、その多くは竜巻には当てはまらない。風はまっすぐ吹くけれど、竜巻はいきなり空から降ってくる。風はいきなり強さを増したりしないけれど、竜巻は自分自身に折り重なることで、トラックを家の屋根に放り上げたり、屋根をトラックの上に放り投げたりできるほどになる。地上のほとんどの場所は竜巻なんか起きないので、それをきちんと描く言葉がない。風がまっすぐにしか吹かないところの人に、竜巻を説明するのがいかにむずかしいか想像してみよう。強風、と言っても牛が宙に舞うところは想像してもらえない。

ビジネス用語を使って起業家精神を表すのは、竜巻を強風と呼ぶようなものだ。はいはい、起業家もビジネスパーソンも会社を作る。でもビジネスはそこらじゅうにあるのに、起業家精神は空飛ぶ牛くらい珍しい。ビジネス用語は起業家精神を論じるときには役に立たない。他の意味合いにまみれているからだ。

本書では、「起業家」という言葉を見たら、反逆者、探検家、そして利潤や常識さえ無視して動く人々を想像してほしい。うまく行かないかもしれないことをやることで生じる不安を体験してほしい。ちょっと自分もイカレた気持ちになってほしい。実は、起業家という言葉の元の意味を理解するには、それを「キチガイ」という言葉で置きかえてみることだ。だれかをキチガイ呼ばわりするのは、通常は褒め言葉ではない。そしてシュムペーターの時代には、だれかを起業家と呼ぶのは褒め言葉ではなかったのだ。

完璧な問題

起業家に会いたければ、ビジネススクールなんかより、アル中かなんかの更生プログラムにでかけるほうがいい。これはたぶん、回復中のアル中やヤク中のほうが、もっと実態に即したカリキュラムを学習するし、その導きとして平静の祈りを使うからだろう——神よ、自分に変えられないことを受け入れる平静さと、変えられるものを変える勇気と、その両者を見分ける叡智《えいち》とをお与えください、というやつだ。これはなかなかよい助言だし、似たような論理が選挙からデートに到るあらゆるものに応用されるのを見てきた。右翼活動だろうと右からのカードスワイプだろうと、変えられることに専念し、変えられないことを受け入れるのは筋が通っている。実はこの論理はあまりに普遍的なので、世界の文字通りあらゆる問題に適用できる——するとすばらしいことが起こる。あらゆる問題を平静の祈りを通して見ると、問題の中でもごく少数だけが浮かび上がってくる——未解決でありながら、解決するための力と勇気を自分が持っている問題だ。それがその人にとっての完璧な問題だ。

完璧な問題には解決策があるけれど、その解決策はまだ存在していない。世界には無数の問題がある。その多くには既存の解決策があるし、また一部は現在の人間の能力を超えている。でもこの両極端の間には、新しい方法さえ発明すれば解決できる問題がいくつかある。

完璧な問題は、世界に影響する壮大な挑戦である必要はなく、どうでもいい悩みでもかまわない。問題を完璧にする秘密の材料は、あなただ。[4] ある問題があなたに解決できるなら、それはあなたにとって完璧な問題だ。未来の世代が似たような問題を解決するときには、たぶんあなたの解決策を真似するだろう。

完璧な問題が手に入るだろうか？ すでに手に入っているかもしれない。何百もすでに持っているかもしれない。でも、実際に自分で解決するまで、しかも一番乗りで解決するまで、その問題が完璧だったかどうかはわからない。問題はもちろん、どんな種類の問題に自分が直面しているかを知ることだ。真似で解決できるものか？ そもそも解決できないものか？ それとも新しい解決策を作れるのか？

解決できる問題とできない問題を見分けるための叡智を求めて本書を読んでいるなら、5万語分の手間を省いてさしあげましょう。そんな叡智は本書にはない。ありがたいことに、問題が解決不能だと証明する方法はないのだ。[5] もちろん、解決可能だと証明するには、実際に解決してみせればいい。通常、賢いやり方はすでに似たような問題に直面した人を探して、その人のやり方を真似ることだ。解決策を真似るのは賢いけれど、それが使えない問題もある。そ

4 「あなた（you）」と言うときはほぼ必ず「あなたとそのチーム」という意味だ。この単語が単数形と複数形のどちらかはっきりしないのを、これから大いに活用しよう。

5 わが同輩の数学おたくたちは、解がないと証明されている数学問題がいくつかあるのを指摘したがるだろう。が、そうした得体のしれない方程式を除けば、何かができないことは証明できない。そしてこんな傍注を読んでいるあなたは、それを書いているぼくに負けず劣らず大したおたくですな。

れに真似は新しいものを何も生み出さない。

では、完璧な問題はどうだろう。この問題は定義からして、解決策は手の届くものであるはずだ。新たな解決策になりそうなものがうまく行くかどうか、どうすればわかるだろうか？　悪いね、それもわからないのだ。唯一わかるのは、新しい解決策は、実際にやってうまく行くときには、うまく行くのだということだけ——あんまり役には立ちませんな。

城壁都市

この「ちがいがわかるための叡智」は、わかっている人がだれもいないところで失敗を繰り返して手に入れるのが通例だ。人間が知っていることすべてのまわりにでっかい円を描いて、その円の外に出よう。ぼくはいつもその円を物理的な境界として思い描く。古代都市を囲む城壁のようなものだ。

中世のエジンバラもそういう都市で、巨大な石壁が内側の市民を守り、閉じ込めていた。その城壁内には実に多くの人々が住んでいて、6階建ての建物がクローズと呼ばれる路地でへだてられていた。幅員1メートルもないクローズは、下水道も兼ねていて、ものすごい急斜面になっていて、その中身が淀んだノール湖へとズリズリ流れていくようになっている。まわりのだれかか、あるいは坂の上のだれかが足を滑らせたら、みんな足首まである深いウンコの中に転んで、そのまま湖に滑り落ちる。[6] そんな場所が人口集中地になったという事実は、その都市の城壁外がもっと壮絶にひどかったということを実証している。都市生活がいかに文字通りクソだったにせよ、その外の荒野よりはマシだったのだ。

でも全員にとってではなかった。都市を離れた人もいた。壁の向こうを眺めて「外で何かできることはないかな」と思ったのかもしれない。政府が大嫌いでそこを後にしたのかも。あるいは政府のほうがそいつらを嫌って、追放されたのかも。理由はどうあれ、壁の中で安全に守られていた人々は、外に出ていく連中がイカレてると思ったはずだ。だって外は本当に危険だったのだもの。壁の外には、自然のものを除けば法はない。そして自然は基本的にあらゆる法を執行するのに死刑を使うので、失敗の代償はとんでもなく大きい。

起業家とビジネスパーソン

この比喩的な壁の内側にとどまるなら、あなたは正気のビジネスパーソンだ。その既知の世界を後にするのであれば、あなたは起業家か死体だ。空港にぼくが送ってあげた人はみんな、

6　ときどき妻に、今日はひどい一日だったとグチを垂れると、彼女はこう言い返す。「あら、ウンコの川を滑り落ちて肥だめにはまりながら黒死病にでもかかったの?」そう言われてみれば、ぼくはこれまで大してひどい一日に遭ったことなんかないのだった。

ビジネスパーソンだった。みんな成功して尊敬されていた。でも、もらった歌を歌っているだけで、自分で曲を書いてはいない。

空港に送るのを断った、あのたった一人の御仁からは何か学べたかもしれない。が、本当にぼくが話を聞きたかったのは、その人の奥さんのほうで、彼女は来ていなかった。講演者は夫のほうだったけれど、ビジネスを実際に起業したのは奥さんのほうだったのだ。ぼくの計画はうまく行くはずだった。というのも壇上で何度か、この後すぐに帰らないと、と口にしていたし、そして講演の後でぼく以外に待っていたのはとても魅力的な女性が一人だけだったし、彼女は彼のビジネス上の洞察なんかにまるで興味なさそうだったからだ。

だから、その人がぼくの申し出を断ったときには驚いた。2日後に、その同じ女性とこっそり会議場のホテルを後にする彼を見かけたときには、もっと驚いた。ほほう、別のものにお乗りになっていたようですなあ。

これが起きたのは1990年のことで、ぼくはちょうど画像処理ソフトの会社を立ち上げたところだった。会社が成長するにつれて、ぼくは講演者のストーカーはやめて、顧客にお愛想をふりまくようになった。どのみち、空港道中の各種議論は全然役に立たなかったこともある。当時、本当の起業家というのがいかに珍しい存在か、ぼくはまったく見当もついていなかったのだ。

ぼくのまちがいを繰り返さないでほしい。今後17章の間だけでも、起業家という言葉は本当に新しい何かをやる人物だけのためにとっておこう。本書で何人かにお目にかかれることは約束しておく。でもまず、ぼくの友人たちを紹介させていただこう。

第2章　ボブとピラミッドたち

１９９０年、ぼくの最初の会社ミラは、文書電子化ソフトを販売し始めた。うちの製品は、いわばアドビ・アクロバットの先駆けだった。これは当然ながら、アドビ社が本当のアクロバットを数年後に発表したら、ミラは即死したということだ。運のいいことに、アドビ社がうちの製品の死を発表したその展示会で、ぼくは皮肉な現象に気がついた。文書電子化業界の最大のイベントで、３万人がペーパーレス・オフィスについてのカタログを山ほど抱えていたのだ。

ぼくたちはすぐに自分の会社を、ソフト開発から、展示会用のカタログのＣＤ‐ＲＯＭ頒布に切り替えた。ウェブサイト以前は、顧客の手に一年中ずっと自社製品についての情報を持たせておく最高の手段は、展示会公式ＣＤ‐ＲＯＭにそれを収録してもらうことだった。そしてそんなサービスを提供している唯一の会社だったミラ社は、その公式ＣＤ‐ＲＯＭそのものと言ってもいい存在だった。

このビジネスはあまりに急成長しすぎてぐちゃぐちゃだったし、それもおもしろい種類のぐちゃぐちゃだけじゃなかった。複数のプロジェクトが同時進行していて、いつもまちがいの可能性があり、1993年春にうちは大ポカをやらかした。二つのプロジェクトのインデックスを取り違えてしまい、200人時間分の作業が、お好みの罵倒語を言いかける間もなく蒸発した。

うちはそれまでの2週間、このプロジェクトを終えるべく必死で爆走していたのに、それが消えた。ぼくはチームにその悪い報せを伝えると同時に、とにかく急いで飛行機をチャーターすれば、2日間の時間が買えるぞという希望も伝えた。理論的には消えた分を取り戻せるはずだった。単に非常勤の軍団と、そいつら全員徹夜で仕事をさせる方法さえあればよかった。ぼくは知り合いみんなに電話をし、同僚ジョン・シュライブマンは地元の薬屋に駆け出した。

子供のスナックとしてリタリン[7]がピーナツの座に取って代わる前の時代、眠らずにいるお気に入りの方法は、チョコレートで覆ったコーヒー豆だった。マーシャ・ドーシーはご近所のコーヒー屋をやっていて、このチョコレート刺激剤の供給元でもあった。マーシャは気さくで楽しい人で、なぜぼくたちがこの製品をバカみたいに消費するのか知りたがっていた。ジョンは、うちの小さな会社の話と、最近のヘマの話をして、そしていろいろコンピュータを使う会

7　訳注：鎮静剤

社なんだと説明した。

「うちの息子もコンピュータ好きだけど」と彼女。

ジョンは即座に切り返した。「ねえ息子さんは、苦労して50ドル稼ぐつもりはないかな?」

ジャック登場

マーシャの息子はその日の午後のどこかでやってきた。ぼくは巨大モニタつきのコンピュータに没頭し、データベースのエラーが再発しないようにしていた。ジョンが、コーヒー店で働いていた男の子が手伝いにくると言っていたのを漠然と思い出した。ジョンは、最新の従業員を連れてきて、ぼくの肩を叩いた。

「こんにちは、ジャックです」

「やあ、ジムだ。ちょっと手一杯なので待ってもらえる?」

そして彼に背を向けてモニタに向かい、ジャックがそこに立っていることを即座に忘れてしまった。どれだけ無視していたかについて、ジャックとぼくの記憶は食いちがっていて、片方は10分だったと思っているし、もう片方は40分だったと思っている。でもぼくがはっきり覚えているのは、やっと作業を終えて振り返ると、ジャックはまったく同じ場所に立っていたということだ。

ひどく申し訳ない気分になった。手伝いにきてくれたのに、とんでもなく無礼なことをしてしまったのだ。でも彼の名誉のために言っておくと、ジャックは気を悪くした様子もなかった。スキャナーの使い方は知っているかと尋ねたら、知っているという。そこで茶色い折りたたみ式テーブルと椅子を与えた。そのテーブルは、紙の津波の下で潰れないよう、垂木《たるき》で補強してあった。スタートアップの暮らしへようこそ、坊や。

ジャックは勤務初日に徹夜仕事をした。家に帰ったのは朝5時くらいで、マーシャはおかんむりだった。でもいい面で言えば、その初の徹夜仕事でジャックは即座にうちのチームの一員となった。

ジャック・ドーシーは、高校2年生の夏休みにうちのフルタイム従業員となり、ぼくは彼の仕事にある特徴的なパターンを見出した。実に優秀なのだ。ジャックに何でもプロジェクトを投げれば、とにかくやってくれる。あるとき、彼のデスクの横を通ると、まったくの座興でうちのロゴをデザインし直していた――できがあまりによかったので、それが新しいロゴになった。またプログラミングも好きだったから、いくつかソフトウェアプロジェクトを任せてみた。口数は少ないが、実に優秀だった。冗談半分、賞賛半分で、ぼくは彼を「天才ジャック」と呼ぶようになった。

ジャックがあまりに優秀だったので、翌夏にはずっと大きな仕事を任せた。ミラ社の主要事業は、製品カタログのスキャンを展示会用のCD-ROMに載せることだった。企業ウェブサイトの急成長ぶりから見て、うちの製品が1、2年で陳腐化するのは明らかに思えた。みんなは、方向を変える必要があるという点では意見が一致したけれど、実際に何かちがうやり方をやろうとする人はだれもいなかった。口先では賛成するけれど、仕事では反対してみせたのだ。

ぼくの言うことを本当に聞いてくれたのは、16歳のインターンだけだった。ぼくは明らかにこの会社の経営には向いていなかったけれど、ジャックと働くのはまったく問題ないようだった。そこで、ジャックといっしょにミラ社から離脱して、だれにも言わずに新製品を構築することにした。正式な発表はなかった。単に、もともとみんなにやってほしかったことを始めただけだ。でかいプロジェクトで、各種の側面について説明を始めたら、ジャックはだんだん不安になってきた。

「ジム、一夏でそんなこと全部できそうにないよ」

「ああ、きみに全部やらせようなんて思ってないよ。プロジェクトチームの指揮をとってほしいんだ。ピクセルいじりには他の人たちを雇うから」。こうしてまだ高校生のうちから、ジャック・ドーシーは管理職になった。

ジャックの指揮下で働く人を3人雇い、新しい上司はまだ選挙権もないということは言わなかった。仕事の初日、ジャックが奥の部屋で待つ間、ぼくが各人の作業を細かく説明した。そして、うちのトップ人材の下で働くことになるのだと説明し、すぐに引き合わせると告げた。新ジャックは物静かな人物だけれど、思慮深さを優柔不断とまちがえないようにと警告した。新人の一人が手を挙げて尋ねた。「私の職位は何ですか？」

ミラ社では職位名は使っていなかったけれど、多くの人にはそれが大事なのだということはわかった。一瞬考えてぼくは言った。「よし、きみの職位は、『夏期インターン助手』だ。ああそうだ、きみの上司は16歳なんだ」

ぼくたちのプロジェクトは成功し、25年後の本書執筆時点で、ミラ社はまだ健在だ。その夏が終わると、ジャックは大学に入ったけれど、彼がセントルイスに帰省するたびに連絡を取り合った。ある日、セントルイスのセントラルウェストエンドで屋外にすわっていたときに話してくれたアイデアは、6年後にツイッターとなる。

ジャックは人々に、ぼくが彼の2番目の上司だったと語る。16年後に、彼はぼくの初の上司となった。

冬のブレインストーミング

うちの町では、いろいろ糺すべきことがあった。そして、そういう格差がぼくの動機の相当部分となる。たとえば2008年には、セントルイス市がぼくのガラス工房横の道路の中央分離帯を掘り返した。路面のすぐ下には、古い路面電車の線路があった。その頃のセントルイスは、全米第5位の人種分離都市で、その理由の一つはかつて市の全域を結んでいた路面電車網を潰したことだった。その古い電車の線路を見たとき、14年前にジャックと路面電車について交わした話をすぐに思い出した。ジャックは、都市の人種分離と路面電車に対する仕打ちで自動車産業が果たした役割を嫌っていた。そして、絶対に自動車なんか所有しないと宣言した。

ぼくは電気自動車を作りたいと思っていて、ジャックに何かいいアイデアがあるのではと思ったので、マーシャから電話番号を聞いた。30歳でまだ自動車を持っていなかったジャックは、サンフランシスコに住んでいた。ここはあらゆる公共交通を廃止したことがない、唯一のアメリカ大都市だ。彼はツイッター社を経営していた。何度かメールをやりとりしてから、クリスマスにセントルイスで会おうということになった。

その冬に会ったら、ジャックは自分が最近ツイッター社から追い出されたというひどい話をしてくれた。これはジャックの物語で、ぼくが語るつもりはない。でもこちらとしては、弟がぶちのめされたような気分になり、激怒した。その出来事について、当のジャックよりも腹を立てているように見えた。一時は、ぼくがサンフランシスコまででかけて、何人かに恨みを晴らす手伝いをしてやろうかと真面目に示唆したほどだ。ジャックは見上げたもので、そのエネルギーでもっとポジティブなことをやろうと示唆し、新しい会社を始めようということになった。

当時、ぼくはハイテク業界からほとんど足を洗っていて、セントルイスでガラスアーティストとして教えたり働いたりしていた。ガラス吹きは大学時代に始めたものだ。プロのアーティストになるつもりはまったくなかったけれど、ミラ社の創業期の収入はほとんどが、ガラス作品の販売によるものだった。ジャックとぼくはガラススタジオに集まって、こんどの新会社をどんなものにするか話し合った。この新会社についてわかっている唯一のことは、それがソーシャルネットワークがらみのもので、携帯電話を使うものだということだった。

ジャックといっしょに働くのはお互い楽しかったので、ぼくはガラス吹きのパイプを棚上げして、サンフランシスコで10日にわたり事業のアイデアのブレインストーミングをした。その10日にわたり、双方が本当にわくわくするようなアイデアはついぞ見つからなかったけれど、またいっしょに働くのは楽しかった。それにすでに最初の従業員を雇ってしまって、そいつが1週間もしないうちに出勤するので、何か仕事を作っておかねばならない。何でもいいから、まずはジャーナリング用のアプリでも作ろうかということになった。ぼくはセントルイスに飛行機で戻り、西への引っ越し準備を始めた。

2日後、セントルイスのガラス吹き工房にいたら、あるご婦人が電話をかけてきて、自分の新しい洗面所用に、オレンジと黄色のダブルツイスト型ガラス蛇口を買いたいという。黄色と赤のガラスを生み出す化学薬品は、不安定なことで悪名高い。ときにはゴージャスな色彩を生み出し、そうでないときには、このご婦人が欲しがっていたような代物を作り出す。自作のガラス作品を売るのは大好きだったけれど、特に醜いガラス作品を売るのはものすごく好きだった。この作品はまちがいなく、この後者の分類に入るもので、もう何年も棚の上で売れ残っていた。それが売れたというのは、棚ぼたと春の在庫一掃セールがいっしょになったようなもので、ゴミを捨てるのにお金を払ってもらえるようなものだ。

が、支払いの段になって、このお客さんはアメリカン・エキスプレスを出してきた。うちのスタジオは、マスターカードかVISAしか使えなかったので、どちらか持っていないか尋ねた。でもそこでわかったのは、このご婦人が持っているVISAのファミリーカードは旦那さんの名義で、この方はどうやら、オレンジと黄色のダブルツイスト型ガラス蛇口が持つ審美的価値について、このぼくと同じ見解をお持ちらしいということだった。結局ぼくは、そいつを売り損ねた。春の在庫一掃がいきなり中止になって、ぼくは意気消沈した。

これは、クレジットカードをめぐる果てしない苛立ちの最新のものでしかなかった。クレジットカードは、端末もバカ高く、契約は意味不明で、手数料も実にいい加減に見えた。しかも利用商店として承認を受けるまでの手続きがあまりに面倒なので、ほとんどの小規模商店が現金

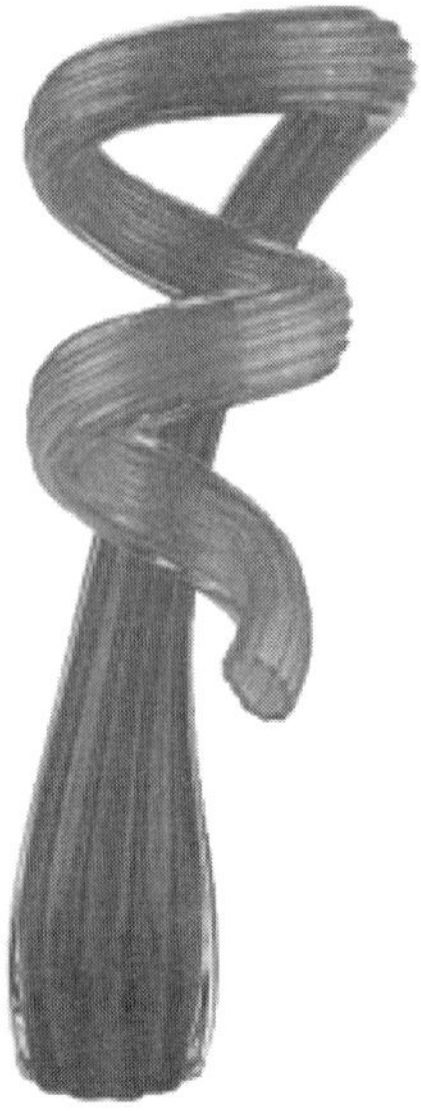

ぼくの作ったダブルツイスト型ガラス蛇口の一つ

取引しかしないのも当然だった。

棚ぼた春の大掃除を失った悲しみにひたりつつ、ぼくは手元のｉＰｈｏｎｅを見下ろした。エンジニアのくせに、ぼくはテクノロジーというものに奇妙な期待を抱いている。まともに動くのが当然だと思っているのだ。それどころか、こっちの思い通りに動くのが当然だと思っている。ｉＰｈｏｎｅは、本にもテレビにも、地図にもカメラにも、写真アルバムにもジュークボックスにも、その他こちらの望み通りのものになる魔法の装置だ。ならこいつでクレジットカードを処理できてもいいじゃないか？

ぼくはジャックに電話して、この問題を説明し、それがぼくたちの新会社の目標になるべきだと告げた。他にこれに取り組んでいる人がいるかどうかは知らなかったけれど、自分でも是非やってみたかった。そしてジャックも説明を受けたら、やはり飛びついた。決済の世界については何一つ知らなかったけれど、ぼくたちは飛び込んだ。

汚いお金

クレジットカードとお金の動きについて学ぶにつれて、とんでもなく複雑な世界が広がってきた。今日では、スクエア社を始めたときのクレジットカードの仕組みが、いかに複雑で不公平なものだったか、文字通り何百もの事例を挙げられる。あなたの財布に入っているカードは、利率やルールのちがう300種類以上のカードのどれか一つなのだという説明もできる。でも、本当のクレジットカードがどういう仕組みかという話をぼくが明かすのは、無責任というものだ。取引処理の議論を少しでもしたら、あまりに危険なまでに退屈すぎるから、一段落だけでナルコレプシーの痙攣発作を引き起こしかねない。さらに、本書をオーディオブックとしてカーステレオで聞いている人なら、居眠りしてヨダレを垂らしつつ中央分離帯へと蛇行して、高速道路で人身事故が起こるのは必定だ。だから、別の説明方法を見つけるしかない。そして見つけた。手短にすませよう。それどころか、ある会社の書類に出てきた、たった1行を見てもらうだけだ。

左の図は、スクエア社の初の商店アカウントを閉鎖するときにファックスした、実際の書式だ。このアカウントは、最初のプロトタイプの試験用に使ったものだ。

マーチャントサービス社

商店アカウント閉鎖申請書

重要:あらかじめ必ずお読みください。
この書類に挙げた情報はすべて必須であり記入が必要です。
この申請書をデータ処理部 **(800)876-6949**までファックスしてください。
必要書類が提出承認されるまで申請は有効になりません。

ご協力に感謝します。

商店名：JDJM LLC
商店番号：4228　9907　0015　9932

閉鎖理由

- ■ 商店同意書の条件の誤解
- □ クレジットカードサービスが不要
- □ 廃業
- □ 事業移譲
- □ 別のクレジットカード業者を選択した
- ■ 不当表示
- ■ 商店明細書に不満
- ■ 手数料が高すぎる
- □ マーチャントサービスのサービスに不満
- □ 営業担当者のサービスに不満

（上記2項目について）サービスはよかった

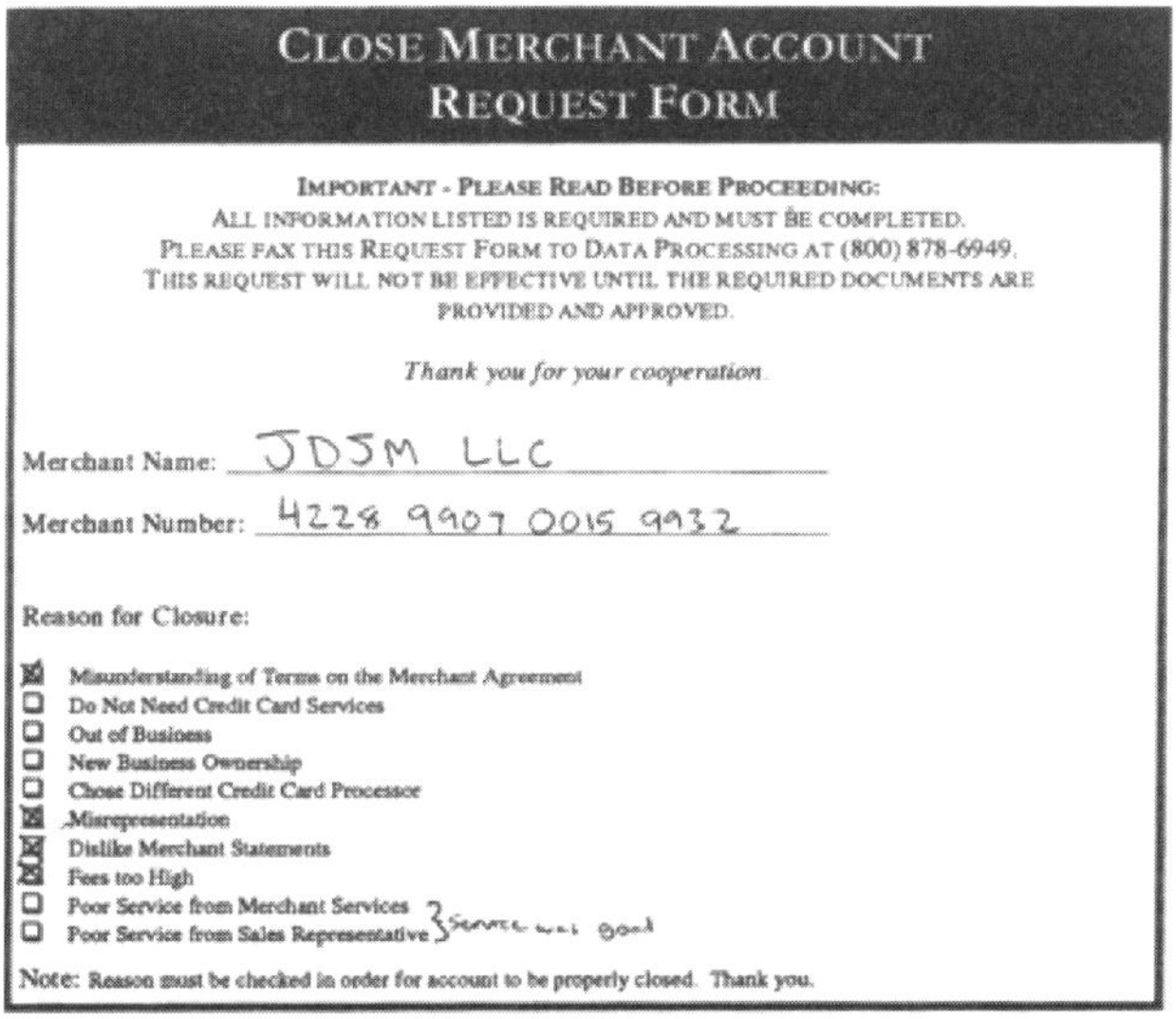

CLOSE MERCHANT ACCOUNT
REQUEST FORM

IMPORTANT - PLEASE READ BEFORE PROCEEDING:
ALL INFORMATION LISTED IS REQUIRED AND MUST BE COMPLETED.
PLEASE FAX THIS REQUEST FORM TO DATA PROCESSING AT (800) 878-6949.
THIS REQUEST WILL NOT BE EFFECTIVE UNTIL THE REQUIRED DOCUMENTS ARE PROVIDED AND APPROVED.

Thank you for your cooperation.

Merchant Name: JDJM LLC
Merchant Number: 4228 9907 0015 9932

Reason for Closure:

- ☒ Misunderstanding of Terms on the Merchant Agreement
- ☐ Do Not Need Credit Card Services
- ☐ Out of Business
- ☐ New Business Ownership
- ☐ Chose Different Credit Card Processor
- ☒ Misrepresentation
- ☒ Dislike Merchant Statements
- ☒ Fees too High
- ☐ Poor Service from Merchant Services
- ☐ Poor Service from Sales Representative } Service was good

Note: Reason must be checked in order for account to be properly closed. Thank you.

スクエア社初のクレジットカード口座を閉鎖したときの書類

アカウント閉鎖の6番目の理由を見てほしい：misrepresentation（不当表示）。この単語って、もっと簡単な同義語があったような気が……実は、不当表示というのは、「ウソ」という言葉を法廷用に着飾らせただけだ。さて考えてほしい。ウソが当たり前になりすぎて、書類の選択肢の一つとして用意されているような業界って、あまりにダメすぎるのでは？

混乱と不当表示が2009年のクレジットカード業界ではあまりに当然だったから、ウォルマートの支払い部門主任[8]ですら、ある取引でいくらかかるのか説明できないほどだった。うちの小さなガラス工房とクレジットカード会社との契約書は、6ポイント（このくらいの大きさ）の字の条項が42ページにわたって続く代物で、アメックスがなくてもこれだけの大契約書になる。ルールはほとんど意図的に、敢えて調査しようという人を混乱させるべく作られているようだった。これは偶然ではない。間もなく突き止めたように、複雑さは犯罪を隠すためだったのだ。

この複雑さに圧倒されたぼくは、圧倒されるほどの複雑さを専門に扱う、連邦政府のとある一部門で働く犯罪捜査会計士を呼んだ。政府勤務、会計士、財務諸表分析と言えば、退屈さの三重苦に聞こえるって？　いやいや！　犯罪捜査会計士たちは、犯罪、事業、犯罪事業について百科全書的な知識を備えた、現代のデジタル探偵なのだ。アル・カポネをとっ捕まえたのが犯罪捜査会計士だ。これを知っていたら、わが友人がまっ先に監査用の荷物に入れたのが拳銃だったと聞いても、そんなに驚かないかもしれない。

拳銃はおおむね単なるポーズだ。わがダチがだれかを調べるときに本当に求めているのは、データだ。こいつが財務記録を手に入れたら、しばらくたてばまちがいなく法廷で、弁護士が「わが顧客は実に立派な市民でありまして〜」と答弁を始めることになる。彼にクレジットカード業界について尋ねたら、単純明快な答えが返ってきた。「人の言うことはすべて話半分で聞いとくように。常に**お金の動きを見ろ**」。拳銃なしでも、これはよい助言に思えた。

お金の動きを見ろ。手始めに、クレジットカード取引を調べて、あらゆるお金がどこに流れるかをチェックした。今回手伝ってくれたのは、同じ連邦政府機関でも、FBIではなくFRBことアメリカの中央銀行だった。フィラデルフィア連邦準備銀行のいささか退屈な報告書の23ページに、そのお金の流れが出ていた。

目にしたものを理解するまで数分かかったけれど、何かひどくまちがったことが起きているようだった。左のピラミッド（次ページ）には、クレジットカードを使える商店が規模別に挙がっていた。真ん中のさかだちしたピラミッドは、その商店のクレジットカード取引額だ。そして右のピラミッドは、そうやって動き回るお金からクレジットカード業界が儲けている純収入、つまりは利潤だ。さて、あなたはこのピラミッドの謎が解けるだろうか？

8　カード支払い業界がどういう仕組みで動いているのかを本当に説明してくれた最初の人物は、ウォルマートの支払い部門を仕切るマイク・クックだった。身の毛もよだつ話だった。

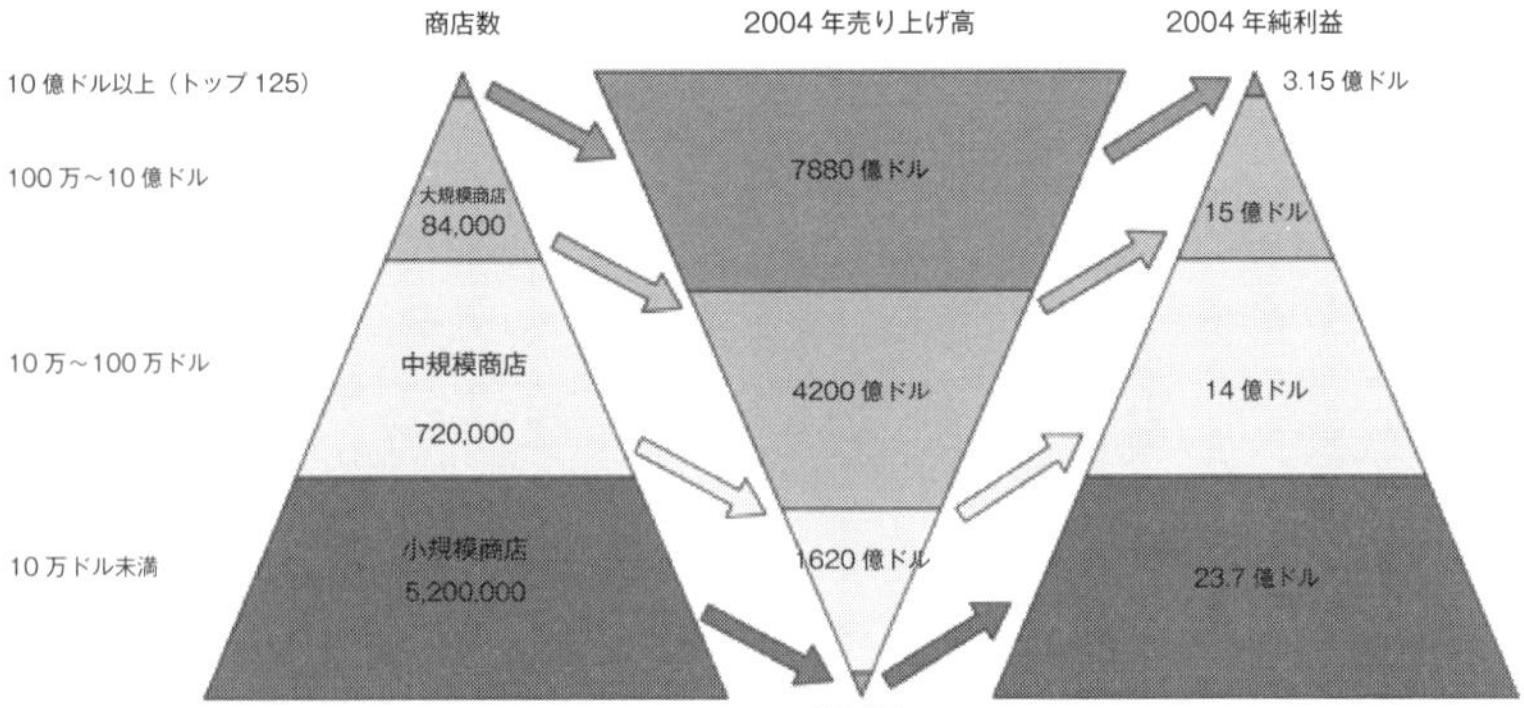

アメリカの商店の９割ほどは年商10万ドル未満だ。
だがそれが純益の42%を占める。

Source:The Nilson Report and First Annapolls Consulting analysis

アメリカFRB（中央銀行）が、資金追跡を手伝ってくれたいくつか比率を見れば、この犯行現場がわかりやすくなるかもしれない。クレジットカード処理会社は、大規模商店での取引1ドルあたり0・04セントを儲けている(3億ドル／7880億ドル)。これに対して小規模商店だと1ドルあたりの儲けは1.8セント(24億ドル／1300億ドル)。小規模商店からの利益率は、10億ドル規模の企業からの利益率の45倍だ。検算を3回やり直してから、やっとその数字が腹に落ちてきた。中小事業者は、巨人の45倍支払わされている。これででっかい問題が見つかったので、起業のよい理由もできた。

創業から6ヶ月で、スクエア社で「ピラミッドたち」と呼ばれるようになったものは、投資家へのピッチの大フィナーレに再登場した。ぼくたちは、企業価値評価の第1ラウンドを、三つの要素を使って設定した。ちょっとした犯罪、自白、大規模犯罪だ。

ちょっとした犯罪

ジャックとぼくはプレゼンテーションの手始めに、ベンチャー資本家たちのお金を向こうが予期する以外の形で巻き上げた。現在のクレジットカードのエコシステムがいかにめちゃくちゃで薄汚いかを手短に述べてから、ぼくたちは出資者候補のそれぞれに、クレジットカードを出すよう頼んだ。粗雑ながらも使い物になるカードリーダーを開発済みだったので、このプロトタイプをiPhoneのヘッドセットジャックに差し込んで、連中のクレジットカードを読み取り、課金した。これだけで1ダース以上の規制を破っていることになる。課金額は、そのベンチャー資本家をどれだけ気に入っているかに応じて、1ドルから40ドルまで様々だった。だれ一人、こんなものにはこれまでお目にかかったことがなかった。それが本当に動くとは信じない人もいた。でも動いた。

自白

お金を奪ってあげたことで注目を集めたから、「スクエア社が失敗する140の理由」というスライドを見せて自白した。このスライドは、うちのチームが思いつく致命的になりそうな問題すべてを並べてある。詐欺や銀行規制といったありがちな脅威から、ロボット蜂起といった途方もないものまですべて入っている。これはお笑いではあったけれど、でも真面目なメッセージも込められていた。

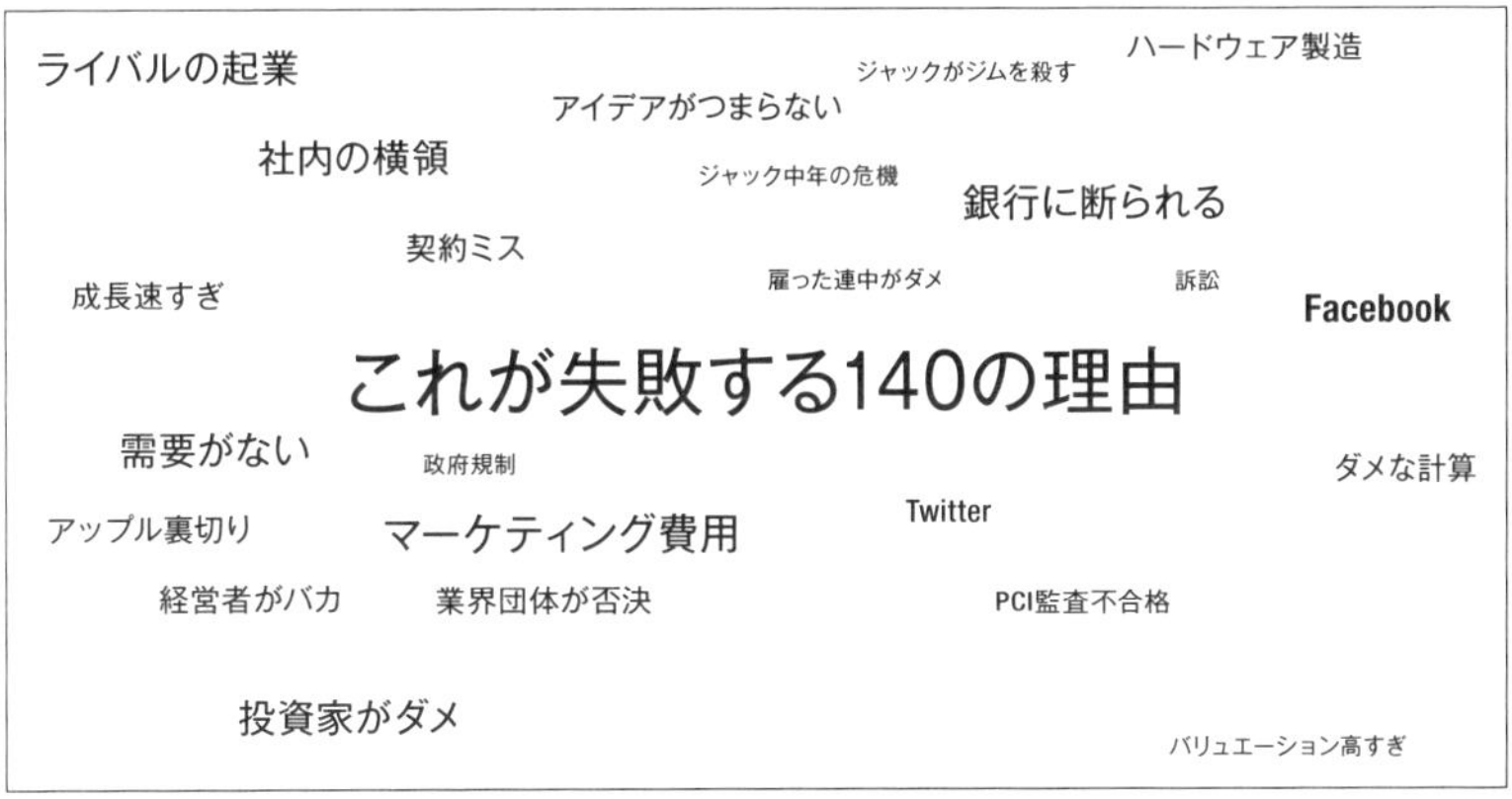

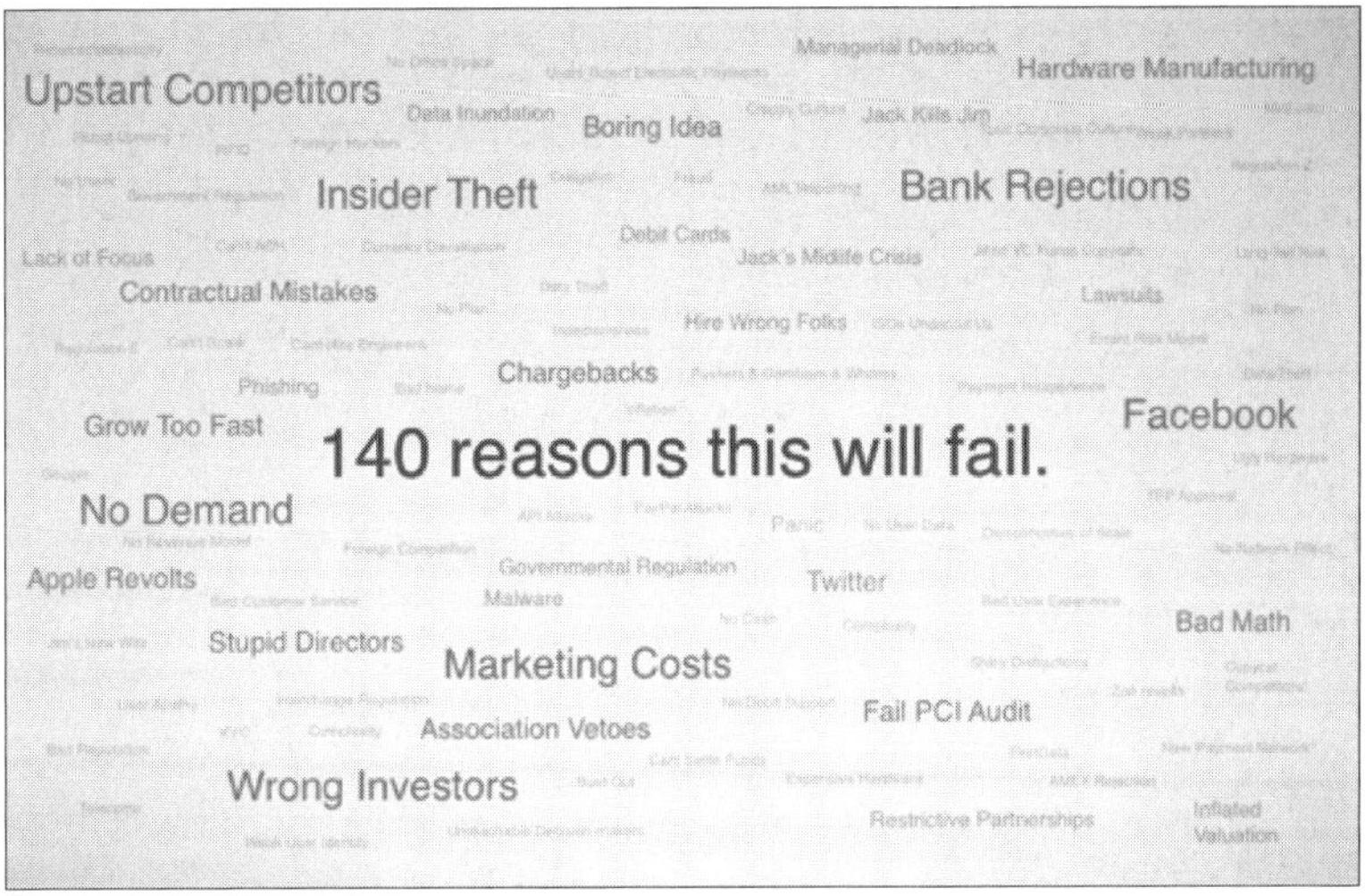

最初のスクエア売り込みカードに載せた 140 個の理由

この「140の理由」スライドは、ベンチャー資本家との会議で奇跡のような効果を発揮した。ほとんどのベンチャー資本家相手へのピッチは、万事快調の右肩上がりグラフだらけ。新興企業を潰しかねない何百もの理由をすべて正直に検討するなんてことは、まるで行われていなかった。でもこのスライドは、あらゆる側面をぼくたちが徹底的に考えていて、潜在的な問題や未来のロボット支配者たちに立ち向かうのを恐れていないことを示した。そして会議の雰囲気を、奇妙なまでにポジティブにしてくれた。

通常なら、創業者がアイデアを売り込もうとして、ベンチャー資本家はそのアイデアのあら探しをする。でも思いつく限りの問題を提示したことで、こうした会議につきものの「攻撃と防御」的な雰囲気が変わった。140の理由を説明し終えたら、投資家たちはどこへでも行く気になっていた。そこでぼくたちは、古代エジプトのギザの町（ピラミッドの所在地）にある犯行現場へと彼らを連れて行った。

大規模犯罪

スクエア社のピッチの最後の部分で、ピラミッドたちが登場した。FRBの作った元の図はきれいにしたけれど、データはそのままだ。多くのハイテクスタートアップは、数学モデルだの売上予測だの、その他データまみれの図だらけだけれど、ぼくたちのピッチは驚くほど数学がなかった。それどころか、ぼくたちが示した市場データは、ピラミッドたちに出てくる数字だけだった。市場の底辺部分に集中するのがいかに筋が通っているかを示すため、あの45：1の比率を使った。この巨大な、不当な扱いを受けている潜在的顧客集団は、既存の決済処理企業によってむしり取られている。ぼくたちのプレゼンテーションはすべて、泣きたいほど支援を必要とする中小商店が520万軒もあり、その支援を提供する完璧な会社がぼくたちなのだという、当然の事実を指摘した。

サンドヒル通りにある最高のベンチャー資本企業の経営パートナーの一人は、これまで見た中で最高のピッチだったと言ってくれた。[9] 価値評価の記録を塗り替える競り合いがすぐに始まった。そして、スクエア社のビジネスモデルと未来について自分たちのビジョンを説明しているときですら、ぼくたちは完全に正直だったわけじゃない。実を言えば、そういう中小商店相手の取引を扱うのがぼくたちの狙いじゃなかった。というのも、ピラミッドたちはある重要なものを欠いていたからだ。それがわが友人のボブだ。

9　その通り、ある会社は本当に他のみんなよりずっと優秀だった。そしてダメだよ、どの会社かは教えてあげないよ。

ボブ登場

ボブとは20年来の知り合いで、中西部各地のガラス吹き工房でいっしょに働いていた。ボブはあまりに相反する形容詞を一身に体現しているから、本当にこの人物を描き出すのは不可能だ。だからボブの車について話すにとどめよう。こいつは、おんぼろの1992年シボレーコルシカだった。

92年型コルシカは、発表直後からアメリカ製造業の恥だったけれど、塩気の多い中西部の街路を10年走ると、こいつはまさにエンジンつきの大災厄と化す。あらゆる機関の働きが怪しげになり、可動部はすべて監獄労働くらいイヤイヤでしか動かない。たまにそうした部品のどれかが脱走を試みる。ボブの場合、その部品はボンネットのラッチ（掛け金）で、そいつは屈辱的な奴隷仕事なんかこれ以上1分たりとも続けるもんかというわけで、ミズーリ州のどっかの砂利道路肩で余生を過ごすことにした。

ボンネットのラッチ脱走後、その役目を肩代わりしたのは、ボブが前輪くぼみに引っ掛けた、小さな黄色いゴムベルトだった。このゴムベルト、精一杯働きはしたけれど、どんなゴムベルトも永遠には保たない。

2007年3月16日の雨降りの夜、ボブはガラス工房目指してミシシッピー川をこの車で渡っていたが、そこでこのゴムベルトがついに切れた。その瞬間、いくつかのことがすばやく起こった。まず、風がボンネットの下に吹き込んだ。すると、その空気のかたまりがボンネットをはねあげ、それをしっかりフロントガラスに巻きつけた。そして最後に、道がまったく見えなくなった。

ボブは前が見えずに運転をしていた。この時点で、ほとんどの人なら路肩に寄せて停まる。ボブはちがった。かわりに、犬の飼い主ならみんな知っているあのやり方で、窓から身を乗り出して、アクセルを踏み続けた。が、雨が降っていた。巨大な雨粒が彼の顔に叩きつけ、おかげで彼は動き続ける車の中に頭を引っ込めるしかなかった。だから今や、ゼネラルモーターズと母なる自然の両方が、路肩に停まれと告げていた。それでもボブは走り続けた。

ボブはその夜、雨の中を、ダッシュボードとボンネットの下側との間にある10センチのすきまからのぞくだけで27キロ走った。この冒険でどれほど焦ったにせよ、そんな様子はまったく見せなかった。ぼくがその話を聞かされたのは、その夜の後になって、彼が平然とペンチを借りにきたときだった。

で、ボブについて何がわかるだろうか？　最低でも、こいつが絶対あきらめないのはわかる。道が消えても進み続ける。ボブは驚くほど頑固だ。こいつを止めるには撃つしかない、と言いたいところだけれど、実際にそれをやってみたヤツがいる。ボブはそれでも進み続けた。

この超人的な頑固さに加えて、ボブについて知るべきもう一つのことは、ガラス吹き職人としての腕がすばらしいということだ。優秀なガラス吹き職人はかなり稼げる。このぼくだって、ガラス工房からの収入で初のハイテク企業を興した。ボブはガラスアーティストとしてぼくより優秀だ。ということで、話はボブとその車をめぐる、最後の重要な点にやってくる。工房での優れた腕前と不屈の精神にもかかわらず、わが友人はその1992年シボレーコルシカの後部シートで暮らさざるを得なくなったことが何度もあった。

なぜこれほどの根性を持ち、きわめて売り物になる技能を備えているわが友人は、このゼネラルモーターズの車から引っ越すだけのお金を儲けられなかったのだろうか？ 答えを突き止めるには2年かかった。それは、アーティストとしてぼくたちが共有する絆に基づく答えだった。つまり、ぼくたちが売るものをだれも必要としていない、ということだ。

目に見えない犯罪

ピラミッドたちは、実は犯罪を二つ示していた。目に見えるものは、この仕組みの常軌を逸した不公平さだ。目に見えない、もっと大きな犯罪は、そもそもこのピラミッドに参加すら許されない、何百万もの小規模商店だった。ボブはこの市場から完全に排除されていた！もしボブが、人々の非必需品の購入に使われている圧倒的に支配的な決済手段を使えないなら、成功しようがない！自分の作品を売れないなら、コルシカの後部シートの標準備品としてホームレス生活用にシーツとぬいぐるみのクマちゃんをつけたほうがいいくらいだ。

ボブの車と、結局保たなかった黄色いゴムベルト

ベンチャー資本相手のピッチの間、ぼくのラップトップにはボブのおんぼろコルシカの写真も入っていた。ボンネットがフロントガラスに巻きついて、前輪くぼみからは黄色いゴムベルトがぶら下がっている。でもこれは投資家のだれ一人にも見せなかった。投資家は既知の量が好きだ。他の人の金を何百万ドルもよこせと言うなら、しっかりしたデータを見せるほうがいい。何やらとんでもなく楽観的な予測に基づくベンチャー資本相手のピッチは、叩き潰される――そう、シリコンバレーですらそうだ。だから、うちのプレゼンテーションでは、既知のものの話しかしなかった――45：1の比率と、520万ものの小規模商店だ。

でもジャックとぼくの念頭にあったものは、むしろ左の図みたいなものだったけれど、この図は描いたことさえない。ベンチャー資本は拡大のためであって、探究のためじゃない。ぼくの知っている「ベンチャー資本家」の半数は、オフィスのあるサンドヒル通りから1時間以上車を走らせるほどの冒険（ベンチャー）さえしない。投資家たちが往き来しないですむようにするためだけにカリフォルニアに引っ越してきた会社を、1ダースは知っている。

ベンチャー資本企業は、ある方程式におさまる会社に出資する。うちは、その方程式に完璧にはまったけれど、未知のものの話をはじめたら、それが吹っ飛ぶ。未知への探検のための出資は「アドベンチャー資本家」を必要とするけれど、この連中はユニコーンたちが守る魔法の国にしかいない。そしてみんな知っているように、ユニコーンは絶滅済みだ。

ボブにもこの話はしなかった。自宅監禁の時期を除けば、なかなか居場所がわからない人物ではあったけれど、それが理由ではなかった。別に彼を見つけなくても、苛立つ商人たちの名誉代表に彼を任命することはできた。ぼく自身がその集団に所属していたし、ボブはぼくたちの精神的なリーダーだったのだ。信用履歴上の問題だろうと、ハイテクアレルギーだろうと、

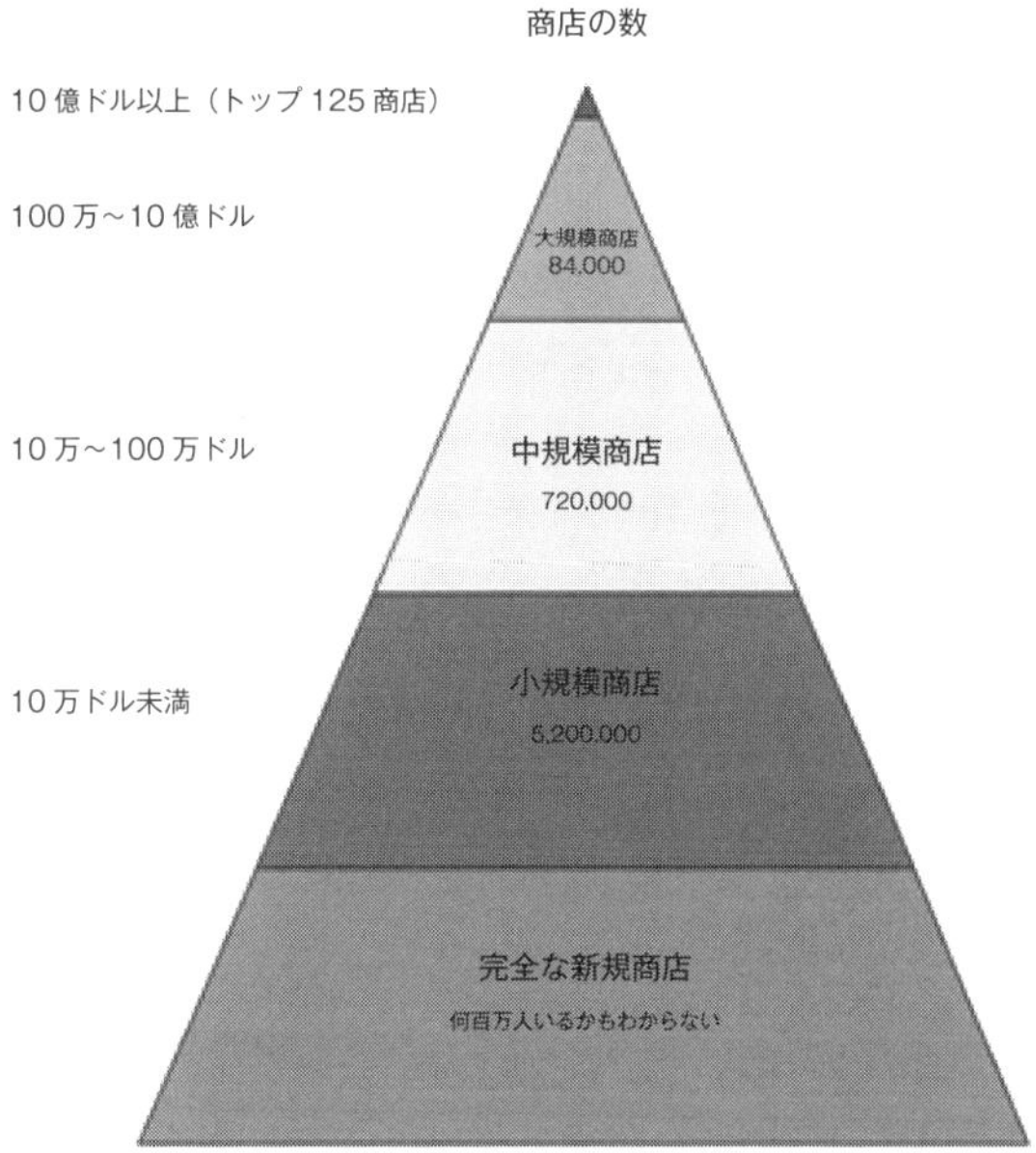

ピラミッドにボブを入れる

住所がないことだろうと、42ページもの細かい契約条項をいちいち読むほどの暇がないくらい忙しいだけだろうと、この集団をクレジットカード利用から排除しているものはすべて、ぼくたちが何とかするのだ。

ぼくたちは、このピラミッドたちに巨大な新しい基礎を作ってあげて、そいつをこの仕組み全体の下に押し込むのだ。

第3章　筋を通す

ピラミッドたちについてぼくがいちばん興味を覚えたのは、その犯罪の規模（でかいのは確かだ）よりはむしろ、なぜそれがもっとでかくないのか、ということだった。中小企業をお客にすると、大企業よりはるかに儲かるんなら、どうして市場を拡大させて、もっと細かい犠牲者どもを含めるようにならないんだろうか。

なぜかこのピラミッドは、あっさり止まってしまった。自分があのアメックスのカード取引を逃したのは知っていたし、ボブは現金取引しかできないのも知っている。でもその理由がわからなかった。ジャックとぼくは、市場が止まったその地点にこそ答えがあるのでは、と考えたので、そこから手をつけ始めた。

市場の果て

どんな市場でも、いちばんおもしろいのはその果てにある端っこの部分だ。どうして市場はそこで止まるのか？　お金があれば製品を買いそうな顧客はたくさんいるのに、買ってくれない。そして、利益が出ればそうした消費者に製品を売りたくてたまらない企業も、たぶんたくさんある。でもどこかの店で、市場はパタッと止まる。そこはまた、起業家精神の出発点でもある。

市場の果ては、だれも越えられない国境のようなものだ。参加できる人と、排除される人を分ける一線となる。その線の彼方にあるのは、だれも手を出さない土地で、これはかなり不思議だ。市場の他の部分はすべて、死闘じみた競争が展開されている。ある企業が1センチでも縄張りを放棄したら、すぐに他の企業がやってくる。でも市場の底を過ぎるといきなり、価格が低くなりすぎて、だれもその縄張りをめぐって争ったりしない。裏庭が800キロも続く砂漠なら、柵を作るまでもない。

新車を1000ドルで売ることにしたら、既存の自動車メーカーで競争しようとするところはない。それでも、あなたを潰そうとはするだろう。市場てっぺん近くの経験豊かな企業は、最底辺で商売をしようとはめったに思わない。「うちは価格で勝負したりしないので」とか「うちの顧客はもっとレベルが高いので」といった台詞が聞かれる。この本当の意味は「そんな価格でやっていけるほどの効率で製品を出す方法がわからない」ということだ。

市場のてっぺんを相手にしていると、人生はとても楽だ。明日、ハンドバッグ業界で目を覚ますことになったとしたら、1万ドルのバッグを一つ売るのと、1ドルのバッグを1万個売るのとどっちがいいだろうか? 1ドルのバッグを売るなら、スナップ部のメッキに使うニッケルの価格が生死を分けたりする。底辺ではブランドなんかどうでもよく、価格プレミアムをもたらしてくれない。純粋な市場の力が作用する。だれでも市場の最底辺をめぐって競争できるけれど、でもそんなことをやりたがる人はほとんどいない。

市場の果ては、製品やサービスのコストと、人々の支払い意思額のにらみ合いを表す。スクエア社の場合、この国境は年商1万ドルほどのところにあった。これよりも売上が少ない商店は、クレジットカードをほぼ使わせてもらえなかった。てっぺんや中間部の市場に食い込もうとしたら、すでにそこにはとても強力な企業がいて、邪魔される。でも市場の底には、だれも守っていない経済国境がある。警備がいないのは、現在の市場のルールや慣行がバーチャルな柵になっているからだ。業界のみんなが可能だと知っている金額以下で製品を売ろうとするバカがいるもんかね。

ジャックとぼくはまさにそういうバカだったし、これで完璧な問題が見つかった。もっと包摂的で公平なものを作りたかったのだ。開始したのは2009年2月11日水曜日のことで、自分が何をやろうとしているのか、まるで見当もついていなかった。

スクエア社の初日

クレジットカードの処理についてぼくが知っていることと言えば、うちのガラス工房に毎月くる利用明細が理解不能だということ、そして自分のクレジットカードがときどき魔法のようにどこか外国の都市にテレポートして、すぐに電子機器や酒を買い始めるということだけだった。

スクエア社の当初のチームは、野郎3人とゾーイというネコが、サンフランシスコのワンルームマンションにいるだけだった。みんなで仕事を分担した。ジャックはサーバーのソフト書き。唯一の従業員トリスタンはiPhoneのクライアントソフトを書いた。ゾーイはトリスタンの膝にすわって、うちに健康保険がないのを補う役目を果たした。このグループではぼくがプログラマとしていちばん無能だったから（ただしネコは除く）、その他すべてはぼくの担当だった。[10] 初日のぼくの最大の仕事は、クレジットカードのビジネスを解明することだった。

ものの数時間で、ぼくは十分に知恵をつけて他のみんなに向き直った。

「おいみんな、うちのやろうとしていることって、違法なんだぜ」

決定的瞬間

半日もたたないうちに、起業の一大マイルストーンにやってきた。「ああ、だからこれまでだれもやってなかったのか」と突き止めた瞬間だ。これぞ、自分が何か新しいことをやろうとしていて、城壁の外にいるのだと初めて気がつく、起業の決定的瞬間だ。

他の人がそれをやっていない理由は必ずある。そしてその理由が、他の連中はとにかく自分ほど頭がよくない、というものであることはめったにない。どれほど創意あふれる人物だろうと、自分が発明したいと思っているものを発明した本当に最初の人物だという可能性は無限小に等しい。[11] 賢い人はあまりに多く、未踏の問題を解決するメリットはあまりに大きすぎるので、だれもそれまで同じことを思いつかなかったはずがない。でも、大丈夫——明らかにだれも成功はしなかったはずだ。そうでなければ、その問題が残っているはずはないからだ。スクエアの場合、だれもそれをやっていない理由は、初日半ばではっきりしたし、その後数週間でなおさら明らかになった。やがてそれぞれの取引で自分たちが違反することになるルール、規制、法律を17本見つけた。これが市場底辺にある国境なのだった。

増える一方の規制違反の一覧に加え、ハードウェアから毛玉に到る様々な分野でも、問題がますます山積みになっていった。解決すべき何十もの問題のうち、まだ存在していない解決策

10 これはネコの毛の掃除や、粘着ゴミクリーナーの常備も含まれた。
11 後になって、ある別の会社もぼくたちとまったく別個に、ヘッドホンジャック経由でクレジットカードを読もうとしていたと知った。

を必要とするものが五つあった。この五つを解決し、その解決策が創り出す新たな問題を解決するのが、目に見えぬ力となってぼくたちのイノベーションスタックを創り上げることになる。読者のみなさんは、イノベーションスタックが何なのかまだ見当もついていないだろう。ご心配なく。ぼくたちも見当がついていなかった。

1．ソフトウェア

金融システムを、現代的な装備が花崗岩《かこうがん》の建物に安全に収容されているようなものだと考えたがる人なら、読むのをやめて次の節に移ってほしい。お金が実際にどう動くのかという真相は、衛生検査官とディナーを食べるよりおっかない。ぼくたちが構築中のソフトは、クレジットカードのネットワークに接続しなければならず、これは通称プロセッサという仲介装置を経由して行われる。結局ぼくたちが接続したプロセッサは、全米で第2位の大きさだった。その蒸気駆動のコンピュータはあまりに不安定だったので、同社は毎年、10月の感謝祭から元旦まで新規のソフト開発を完全に止めた。そうでないと、ちょっとでも変更を加えたらサンタクロースが死にかねないと思ったからだ。どうやらアメリカ企業の大半は、レーガン政権時代に引退した人々しかメンテできないCOBOLのソフトで動いているのだった。[12] うちのソフトを金融システムに接続するのは、ケブラーをトイレットペーパーに縫い付けるようなものだった。

ぼくたちのろくでもない選択肢は、金融市場の二つのソフトのどちらに接続するか、というものだった。片方のシステムはカードを安全に処理できるけれど、商店名を顧客のクレジットカード利用明細に出力できない。もう片方はもっと高価でセキュリティも低いけれど、顧客は少なくとも買ったものを明細で見ることができた。

消費者はすべて、毎月の利用明細で購入履歴を一行ずつにまとめて見ることができる。問題は、前者のシステムを使うと、そうした課金のすべては「スクエア」としか表示されず[13]、実際に課金した商店の名前は出ないということだ。もし利用明細の行ごとの利用先を変えられないと、返金処理でうちが潰れてしまう——商店にお金は渡したのに、何か取引に問題があったら、うちがその尻拭いをさせられる。そこで、もっと高価な選択肢で行くことにした。ユーザー体験さえうまくやれば、費用やセキュリティは後からどうにでもなると思ったからだ。

言い換えると、損をして追加のリスクを背負いこんでまで、ユーザー体験が正しいものとなるようにしたわけだ。ユーザー体験をまともにするのは、スクエア社のイノベーションスタックの重要な一部だ。ぼくたちは、いずれどこかで他の問題は修正できると踏んでいた。こういうことはよくある。一つの問題（カードの利用明細）を解決するため、追加で二つの問題（追

12　2019年にぼくの非営利団体ローンチコードは、何百人もの新しいCOBOLプログラマを訓練している。金融機関のほうは、車椅子用のアクセス路を増やすのに注力している。
13　実は当時なら、「スクウィレル」と言ったはずだ。その理由は本章の最後で。

加のリスクと費用）が生じる。リスクと費用の問題は後回しだ。その前に、クレジットカードの読み取り方法を考案する必要があった。

2. カードの読み取り

2009年には、クレジットカードには二つの番号があった。カードの表に印字された16桁の番号と、磁気ストライプに符号化された秘密の番号だ。ストライプを読むほうがはるかにセキュリティが高かったので、カード会社は機械でカードをスワイプしたときの手数料を引き下げていた。ジャックとぼくは、うちのシステムでどの数字を読むべきかで意見が分かれた。ジャックは、iPhoneのカメラを使って16桁の数字を読もうと言う。ぼくは磁気ストライプを読んで手数料を抑えたかった。これをめぐってケンカするかわりに、ぼくはセントルイスの工房に飛行機で戻り、ジャックが自分のソリューションを作り上げる前に、磁気ストライプリーダーを作ることにした。

iPhoneにクレジットカードリーダーをつなぐのはリスクが高かった。iPhoneに何かハードをつなぐ、唯一の認められたやり方はドックコネクタを経由することだ。[14] アップル社はドックコネクタの利用について、時間のかかる高価な承認プロセスを持ち、特別なチップセットを使わねばならず、1台ごとにロイヤリティの支払いが必要で、すでに銀行業界からの

17の規則違反に加えて山ほどの追加ルールを課される。ところが、出回っているあらゆるスマホは、iPhoneに限らず、オーディオ信号を受け入れるための単純で小さなマイクロホンジャックを備えていた。つまり、クレジットカード上のデータをマイク出力になるようにしたら、マイクロホンジャック経由で磁気ストライプを読み取れる。オーディオソフト開発者キットは、標準iPhoneライブラリの一部で、つまりはアップル社のだれにも許可をとらずにコードが書けるということだ。アップル社のドックコネクタの規則を迂回してマイクロホンジャックを使えば、動くプロトタイプが1週間で作れる。

銀行の群れや政府を怒らせてもどうにかなる。でもアップルを怒らせたらまずい。アップル社の連中に目をつけられたら、向こうは「アップストア」からアプリを閉め出して、こっちが潰れるのを待つだけだ。アップル社のハードウェアライセンス手続きを臆面もなく迂回するのは、iPhoneから蹴り出される絶好のやり方に思えた。そこで、いちばんいいのはスティーブ・ジョブズを引き込むことだと考えた。ジャックもぼくもスティーブとは知り合いではなかったけれど、シリコンバレーは狭い世界だし、やがてジャックがコネを見つけた。

これは2009年のことで、スティーブはかなり健康を害していたけれど、でも会ってくれるというので、ぼくは震え上がった。ジョブズは工業デザインへのこだわりで有名だし、気に

14　あのアップル社が3年ごとに変えたがる充電ポートみたいな代物の公式名称。

食わないものがあると、そいつを作ったヤツに投げつけることで知られている。プレゼンテーションはジャックがやるけれど、パートナーがうちのハードの刻印をおでこにつけて帰ってくるのは避けたかった。

言っておくと、他の人の良いアイデアをコピーするのは、ぼくは大好きだ。ぼくの第一歩はほぼ必ずコピーだ。だから、現代史上で最も伝説的なデザイン狂信者との会合を前にして、ぼくはアップルストアを訪ね、スティーブ自身のアイデアをいくつかコピーすることにした。目に入ったのは、つや消しアルミ。大量のつや消しアルミ。これだ、と思った。スティーブはアルミが好きなんだ！　そこで、アルミの塊を買い、初のリーダーを削り出した。二晩徹夜したけれど、なんとか電子回路をすべてそこに詰め込んだ。見た目もよいと思ったけれど、軽かったのでスティーブのお気に召さない場合でもジャックは怪我をせずにすむ。ジャックの前でカードの読み取り方を実演した。バッチリ機能した！

ジャックに渡してやってもらうと、これが動かない。

自分の目が信じられず、それを返してもらった。とても慎重に、またやってみた。無問題。ちゃんと動く。

ジャックがそれをひったくってカードをスワイプした。動かない。

「動くぞ――いや動かないって」というモンティ・パイソン（イギリスの70年代のコメディグループ）のスケッチが数分続いて、2人とも胸が痛み始めた。

そのとき、何が起きているのかわかった。スクエアのリーダーはヘッドホンジャックに差し込んであったので、カードをすべらせると、プラグを中心に少しよじれる傾向があった。このよじれを抑えるために、ぼくはカードをとてもしっかり持ったけれど、リーダーに手は触れなかった。

ジャックのやり方は、リーダーを指でつまんで安定させる、というものだった。でもうちのプロトタイプはアルミ製だった――そしてアルミは導電性だ。ジャックがリーダーをつまんだら、その指が回路を構成した。電子回路はあまりに敏感だったので、ジャックの脈拍がクレジットカードの読み取りに干渉していたのだ。カードリーダーというより心拍計だったわけだ。ピカピカの金属でスティーブ・ジョブズをうならせようとしたおかげで、うっかり心臓モニタを作ってしまったのだった。[15]

15 ヘッドホンのプラグは、マイクがあるかどうかによって接点が三つか四つかで変わってきた。だから接地用の接点は3番目で、マイクは4番目だった。言い換えると、わがアルミ製リーダーは超低電圧のオープン回路になっていたのだった。

残念ながら、スティーブ・ジョブズとの面会は土壇場でキャンセルされた。スティーブの健康状態が悪化したせいだ。それでも三つの教訓が得られた。

まず、業界がまだ対応できていなくても、製品のために正しいことをする覚悟が必要だ。アップル社のドックコネクタを使うと、速度が遅く高価になり、他のデバイスで使えないリーダーになってしまう。アップルのハードウェア規則を迂回しようと決めたとき、それは会社を潰しかねない危険を冒しても、もっとよい製品を作るためだった。後知恵だとこれは当然に思えるけれど、指摘しておきたい唯一のポイントは、うちのような形でマイクロホンジャックを使っ

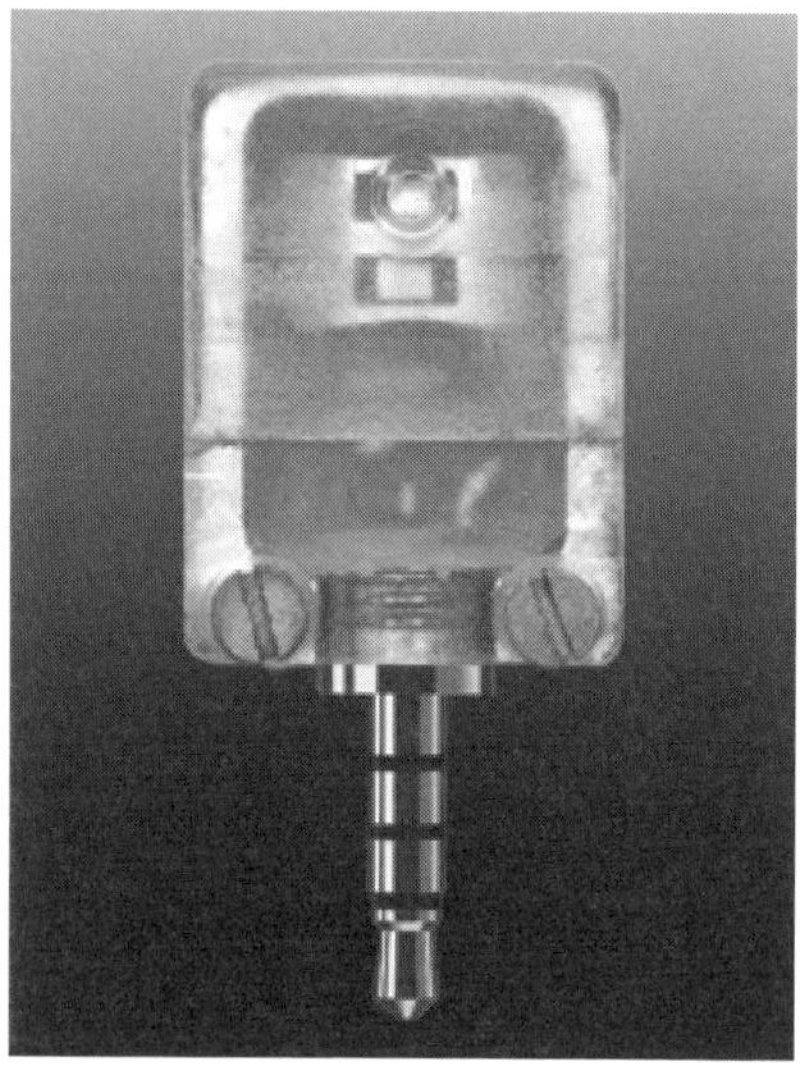
スティーブ・ジョブズ向けに作ったリーダー

た会社は他になかったということだ――うちがやるまでは。

第二に、ときには「成功するはずがない」ことが成功する。計画では、アップル社のルールを迂回しつつ、すごいデモでスティーブ・ジョブズをうならせ、救ってもらうことになっていた。実際に起こったことはちがった。作ったのはギリギリなんとか動くもので、しかもデモは土壇場でキャンセルだ。でもスティーブとの会合を設定できたことで、実際の会合がなくてもうちは救われたのかもしれない。アップル社のトップ重役は、スティーブがどんな会合を予定しているか目を光らせていた。うちが彼のカレンダーに載っているというだけで、弁護士たちの手綱を抑えるのに十分な承認になったのかもしれない。それ以上に、ドックコネクタを迂回していたのに、アップル社の人々は結局うちの製品を大いに気に入ってくれた。それが証拠に、後で極秘のプレゼントをくれたのだ。

最後に、自分の製品のあらゆる側面を自分でコントロールするのが重要だということだ。もしリーダーの製造を他の会社に外注していたら、アルミ外装を使うというぼくのまちがいからの回復ほどはすばやく回復できなかったかもしれない。リーダーを一つずつ、文字通り手作りしたおかげで、問題は翌日には解決した。もし初期のリーダーで何やらややこしいサプライチェーンを使っていたら、問題解決は数時間どころか数ヶ月かかったかもしれない。

スクエア社のハードウェアの初期は、高速イノベーションの実践だった。ハードウェアは毎週変わった。前回のバッチ（処理の単位）から学んだことを反映して、ぼくは新しいリーダーを設計製造する。ほとんどの場合、設計変更は問題解決に必要だから行ったのだけれど、でもリーダーの最大の設計上の欠点は意図的に最後まで解決されなかった。これはすべて、注目を集めるための一大ギャンブルのためだった。

3．さあさあご注目！

人間は、自分が嗅ぎ、見て、聞くものの大半を無視する。感覚入力の洪水に対する脳の対処方法だ。[16] でもこれは、自分の新しいモノを認知してもらおうという起業家たちにとっては大問題だ。新しい発明は、何かお馴染みのものと混同されて無視されるか、[17] あるいは理解されずにこれまた無視されてしまう。

スクエア社では、最初期のデモでこの問題がわかった――みんなにうちのシステムを見せても、ありがちなクレジットカードシステムだと誤解されるのだ。うちのまったく新しいシステムを、すでに知っているものと同じだと思い、無視していた。何とかして注目を集めないと。カードリーダーの物理的なデザインが、その一助になるかもしれないと思った。

スクエア社を立ち上げる前の年、ぼくはしょっちゅう東京にでかけていた。というのも、わが夢の女性がそこで暮らしていたからだ。その多くの東京旅行の中で、アナはぼくをＬｏＦｔに連れて行ってくれた。そこは携帯電話のアクセサリー専門店で、ぼくは日本の人々がいかに電話にこだわっているかを思い知らされたのだった。何やら東京の人はみんな、携帯電話から各種のお守りだのガラクタだのをぶら下げているようだった。生真面目そうなビジネスパーソンが厳粛な面持ちで通話しているのに、ハローキティのお仲間たちがドレッドロックのように、その耳の横でブラブラしている。リーダーをすごく「カワイく」したら、LoFtで見かけた日本の携帯電話の飾りみたいな魅力を発揮するのでは、と思いついた。

カワイイというのは、小さいということだ。スティーブ・ジョブズ向けのアルミプロトタイプ一号の後で、ぼくはプラスチックに切り替えて、ひたすら小型化を目指した。リーダーから搾り取れるあらゆる部分が排除された。このためには、世界最小の磁気リーダーヘッドの設計製造も含まれる。当時出回っていた最小のユニットの半分しかないものだ。必要な部品を作る工場で働くため、家族連れで1ヶ月にわたり、中国の深圳《しんせん》で暮らしたほどだ。

これだけの小型化で、大きな副作用が生じた。利用者がカードをリーダーに走らせると、カードがたわむ。[18] これで信号が台無しになる。たわみを解決するには、リーダーの幅を5センチ

16 選択的フィルタリングのよい説明としては以下を参照：https:// www.psychologytoday.com/intl/blog/brain-babble/201502/is-how-the-brain-filters-out-unimportant-details
17 実はこれ、ローンチコードで出くわす最大の問題なのだ。みんなうちがコード書きの速習講座か、見慣れたその手の慈善活動だと思い込む。こちらはそれがみんなのビジネスにとってどれほどうまく機能するのかを示すチャンスがほしいだけなのだ。
18 このたわみは、ジャックがリーダーを指でつまむようにさせたよじれとは別物だった。スクエア社初のリーダーは、実は二次元で不安定だった！

以上にする必要があった。でもプロトタイプの中でいちばんカワイイものは、その4分の1だった。

各種サイズのリーダーを、手当たり次第の相手で試してみた。結果は奇妙だった。友人たちに、小さいリーダーと大きいリーダーを両方見せると、ほとんどは使いやすい大型のやつを選んだ。でもときどき、両方は持っていないこともあり、手元にあるやつについてだけ意見を求めることもあった。両者の差は驚くほどのものだった。大型ユニットは興味深いものだったけれど、ちっちゃなユニットは、息をのむものだった。みんなちっちゃいユニットに夢中になった。でもそれは、小さいやつを単独で見せたときだけだった。そいつは会話の糸口となり、スクエアについていろんな質問も出てきた。全面的な注目を集めた、驚きの瞬間だった。

さあどうしよう。すべてを完璧に読み取るユニットを発表するか、せいぜい8割方しか成功しないけれど、近代美術館のギフトショップでイヤリングとしても売れそうなほうを選ぶか。選んだのはカワイイほうだ。

大きな冒険だった。カードリーダーが欠陥品だと思われたら、うちのシステムすべてが拒否されかねない。でも結果は正反対だった。ちっちゃなリーダーは会話のきっかけになった。みんなスワイプのやり方を練習し、ほぼ毎回きちんと読み取れるようにして、そしてそのやり方を友人たちに見せびらかした。会話のネタ[19]になり、その会話はスクエアについてのものとなった。

意図的に、機能を犠牲にして注目を選んだことで、城壁の外で何か起きているとみんなに認識させることになった。でもスクエアは、いつまでも文明の外にとどまるわけにはいかなかった。支払いシステムなので、人々の財布に入っているカードと接続する必要があった。そうしたカードは、城壁の中にあるのだ。

4. お金を動かす

銀行なら、お金を保管して送るのは簡単だ。野郎3人とネコだと、話はちがってくる。金融ネットワークへのアクセスは、金庫の中の現金よりもしっかり守られている。銀行システムにアクセスする方法を見つけねばならない。これはつまり、パートナーとなる銀行を見つけるということだ。ありがたいことに、銀行はたくさんあるし、同意してくれる銀行[20]を見つけるまでには、4行を回るだけですんだ。クレジットカードのネットワークとなると、これまた話がちがう。あれこれえり好みはできない――アメックス、VISA、マスターカードと話をまとめねばならない。[21]そしてどこも、うちがやろうとしているまさにその行為を禁止する明示的なルー

19 うちの一目でわかる白いカードリーダーは、今でも映画やテレビ番組でネタになる。『コルベア・レポート』『シリコンバレー』『カーブ・ユア・エンスージアズム』はどれも、このリーダーを視覚的なジョークとして使った。
20 その相手はチェイス・マンハッタン銀行だ。この人たちとの仕事は本当にすばらしかった。
21 あとはディスカバーだけど、いちばん緩いネットワークとして有名だったから、ここは心配なかった。

ルを持っていた。

クレジットカード会社が、うちのビジネスモデルを禁止しているという問題とは1年以上も戦うことになった。その間のほとんどの期間は、単にカード会社で手助けしてくれそうなだれかと面会しようとしていただけだった。アメックスとは会えたけれど、VISAもマスターカードも口さえきいてくれなかった。

アメックスへの売り込みは簡単だった。ジャックが製品を実演して、次にぼくが「アメックス・スピーチ」をやる。これは、あちこちの商店がお客さん候補に向かって言う発言だ。「うちはアメリカン・エキスプレスは使えないんですよ、手数料が高すぎるんです。マスターカードかVISAなら使えますよ」。公式には、商店はそんなことを言ってはいけないことになっている。でも、全米で毎日それが何百万回も繰り返されていることくらい、アメックスではみんな承知していた。だからうちの売り込みは簡単だった。「スクエアなら新しい中小商店がアメックスに参加できます。そういう商店でもアメックスを使えるだけでなく、みんなアメックス・スピーチをしなくなるんですよ。だからおたくのネットワークにつながせてください」。アメックスは承知した。

アメックスは1ヶ月で話に乗ってきたけれど、マスターカードとVISAが両方とも参加してくれないと、うちの製品は破滅だ。問題は、だれも会ってくれないことだった。ジャックの「ツイッターの発明者」という肩書で、ランチミーティングにありつけることはあっても、相手はまったく興味を示さない重役どもで、スヌープ・ドッグ（アメリカのヒップポップMC、俳優）がツイッター本社を訪ねたときの話ばかり聞きたがる。VISAでは半ダースほど取り澄ました会議をしたけれど、でも成果なし。だんだん必死になってきた。この頃には、うちの製品はかなり洗練されたものになってきたけれど、でも相変わらず違法だ。ジャックの名声を利用してみた。失敗。自分の銀行経由で試した。失敗。投資家たちのコネに頼った。失敗。元マスターカード重役をコンサルタントとして雇った。失敗と巨額の請求書。

ところがある日、ライアン・ギルバートというヤツに会った。賃料取りたて会社を創業して売却した人物で、マスターカードとコネがあった。ライアンに手伝ってもらって、やっとエド・マクラフリンとその上級社員たちとの会議にこぎつけた。エドはマスターカードのトップ重役だ。

ジャックとぼくは、アメリカでこれ以上はないほどおあつらえ向きの名前の都市、ニューヨーク州ペイメント市に飛行機ででかけて、小さなカードリーダーとiPhoneを手に、白い石造りの本社ビルに入った。マスターカード本社のロビーには柔らかい面が一切なく、そびえ立つ無装飾の白い石が、直角に切り出されているだけだ。ジャックとぼくは早めに着いたので、すわる場所もない巨大なロビーを1時間もうろつくことになり、おかげでますます不安がつのった。それもそのはず。マスターカードがこちらの事業に反対すれば、スクエアはそれっきりだ。

理屈からすれば、マスターカードはスクエアの活動を大喜びすべきだ。クレジットカードのエコシステムに参加する商店を増やすのは、どのカード会社にとっても大きな利益だ。その一方で、マスターカードの運用規則は、カードがその場にあるアグリゲーション[22]を明示的に禁じる文言を持っていた――これはまさにスクエアがやろうとしていたことだ。つまりマスターカードの連中は、すでにうちみたいな事業を予想していて、そんなのごめんだと思って、禁止する内規を作ったということだ。マスターカードの重役に、新しいことを試すよう説得するだけではすまない。何十年も続いた内規をひっくり返すよう説得しなければならないのだった。

1年にわたりプロトタイプの実演を続けたので、ジャックもぼくも、実演をナイフジャグリングのような精度でこなせた。ぼくはジャックの言うことがわかっているし、向こうもぼくが何を言うか知っている。もっと重要な点として、2人とも相手が何を言わないかわかっていた。ジャックはとても物静かだし、沈黙が続いても平気だ。ぼくは基本的には正反対だけれど、でも人の話を遮らないよう自分を訓練した。特に説明の鍵となるのは、観客が追いつくまでじっとだまっていることだ。

ピッチは完璧だった。プレゼンテーションには完璧な自信があったから、全精力を観客の反応を見るのに使い、必要な補正を行えた。スクエア社のビジョンを説明し、何百万もの新規商店がクレジットカードを使えるようにしたい理由も述べた。マスターカードがスクエアから直接利益を得られるのだという話もした。万事快調だったのだけれど、そこでぼくは、エド・マクラフリンのマスターカードに1ドルを課金して、うちのシステムを実演してみせた。カードを小さなリーダーに走らせて、iPhoneの画面に指でサインしてくれとエドに頼んだ。エドはその通りにしてから、今のはシミュレーションかと尋ねた。ぼくは「ちがいます。これは本物で、あなたの口座から1ドル引き落とされています」と答えた。

エドは厳しい顔つきで部下たちを見渡してから、こちらを見た。「今きみがやったことは、弊社の運用規則に違反しているのがわかっているのかね?」

「ええ、わかってます」としか言わなかった。

だれも口を開かなかった。ジャックはいつもの、お坊さんじみた平静さを示した。ぼくは足の指を丸め、なんとか呼吸を続けようとした。そして生じた静けさの間、ぼくは古いジェームズ・ボンド映画みたいに床がパカッと開き、ジャックとぼくが獰猛《どうもう》な弁護士たちのプールに落とされるという幻覚を思い浮かべていた。丸々20秒もの沈黙の後で、やっとエドが言った。「すると、こちらが運用規則を変えるしかありませんな」。そして部下たちに目をやり、うなずき、部屋を出ていった。

いやあ、冷や汗かいたぜ!

そして残るはVISAだった。ここはカード会社として圧倒的に大きいところだ。丸1年も

22 ペイパルは、カードがその場にないアグリゲーションを行っていて、これはある限られた状況では許されることだった。でも実際にカードを読み取って、それを別の商店の代理で送信するのは、明示的に禁止されていた。

ここの人々とやりとりはしてきたけれど、形式ばかりのランチデートから先に進めなかった。スクエアがお役に立てますと示しても、VISAの重役に内規を変えるよう説得するのは不可能だったかもしれない。でもすでにアメリカン・エキスプレス、マスターカード、ディスカバー[23]がスクエアを受け入れるよう説得できていたから、VISAは今や群れに従わざるを得なかった。マスターカードとVISAは別組織ながら、イノベーションとなるとサンバダンサーたちのように見事なシンクロぶりを見せる。ただ、VISAはそれを後ろ向きでハイヒールでやるというだけのことだ。

5. 詐欺

四大カード会社から青信号をもらったことで、やっと城壁のはるか彼方にすむ、あの恐ろしい怪物と対決できるようになった。都市に城壁があるそもそもの理由が、この怪物だ。みんなにスクエア社のアイデアを話すと、初日からみんな、詐欺という名の恐るべきドラゴンと出会った自分なりのホラー物語を語ってくれるのだった。

この詐欺ドラゴンは、システムが稼働するのを待ってから、無数のちがったやり方でそれを攻撃してくる。どの攻撃も、こちらの弱点を突くように調整され、中でもまだわかっていない弱点を突いてくるのだ。

お金を動かすときの問題は、みんながそれを盗みたがることだ。賢い人も盗みたがる。バカな連中も盗みたがる。みんなが盗みたがるものの筆頭にくるのがお金だ。あらゆる金融会社は詐欺と闘うし、だからこそ取引があんなに面倒なのだ。ぼくたちは商売をやりやすくしたかったけれど、普通の人向けに単純化した部分はすべて、犯罪者の仕事も簡単にしてしまう。[24]

支払い業界のあらゆる人が、会うたびに詐欺について警告してくれた。スクエア社が製品を全国に発表した2週間後、世界最大級の支払い企業CEOから電話がきた。そして、ニューヨーク市にあるどこかのレストランにディナーに連れて行かれたが、そこの主菜はどれもすべて、必ず一つぼくに発音できない単語を含んでいた。そのCEOはマティーニを飲み干し、おかわりを注文して、そして次の1時間にわたり、小規模商店がクレジットカードを使えるようにしたがるなんて、おまえはなんという大バカ者だと語り続けた。友人ボブのような連中はブラックリストに載っていて、信用できず、支援しづらいし、何かろくでもないことが起きても、小さすぎて訴えられない。既存企業が融資基準を緩めたら何が起きたか、ホラー物語をいろいろ語ってくれた。

ぼく自身のルールとして、ジンと議論は混ぜない。でもこの制約がなくても、反論は弱いも

23 ディスカバーの緩さについては傍注21を参照。
24 ぼくたちは毎日のようにこの問題と戦っている。あるとき、YouTubeでどうやってスクエアをだますかという、1時間にわたるチュートリアルを見つけたことがある。もっと具体的な話をしたいところだけれど、ぼくは中国語が話せないのだった。

のにしかならなかっただろう。ぼくたちが詐欺に対処できるとは絶対に証明できない。どんな会社も、ぼくたちが相手にするような人々にクレジットカード処理を提供したことはないからだ。確立した市場における企業のCEOという彼の観点からすれば、これはすべて、ぼくがバカに見える理由としてもっともなものだ。でも、彼が一つ見落としたことがある。ぼくたちは彼の市場に食い込もうとしているんじゃない。自分のためにまったく新しい市場を構築していたのだ。何かが不可能だと証明するのは不可能だ。[25]

詐欺との戦いに備えるのは、放課後にいじめっ子と対決しなければならないと知っているようなものだ。その1日が台無しになるけれど、でもどうしようもない。詐欺の場合、向こうが戦いを挑んでくるまで、どうしようもない。攻撃に対して心の備えはしたけれど、実際の戦いは予想とはちがっていた。高度なアタックの波を待ち構えていたのに、その大半は小規模でヘマな犯罪者からのものだった。もっと重要なこととして、ほとんど例外なく、それぞれの攻撃は何らかのパターンに当てはまった。スクエア社の莫大な取引量がここで大きな利点となった。そういうパターンが見えやすくなったからだ。

スクエア社からかすめ取ろうとしている個人商店になったと想像してほしい。何をやろうとしているにせよ、その手口が他の何億もの個人商店によってすでに試されている可能性はきわめて高い。独自性を持つのは本当にむずかしいし、これは他のどんな商売でも、インチキ商売でもまったく同じだ。今ちょうど話したように、うまいことスクエア社のお金を盗むには、何か独自性のあることをしないと、と教えてあげても、それは単に独自のアタックを発明しようとしている無数の人々というグループに加わるだけの話だ。

ぼくたちは壮絶なまでに巨大なデータ上の優位性があったし、利用者のほとんどが小規模な個人アカウントだったから、パターンは予測可能になった。敵の次の動きが予測できたら、それはすごい優位性だ。きわめて独得の詐欺に対しては、きわめて独得な対抗手段を編み出した。結局のところ、恐るべきドラゴンだと言われたものは、実は単にネズミ1万匹でしかなかった。

この五つの問題は皮切りでしかない。それを解決すると次の問題が出てきて、そのほとんどもまた新しい発明を必要とした。他に選択肢はなかった。というか、すでにもっと基本的な選択をすませていたのだ。つまり現在のシステムから、そもそもの定義からして排除されている人々に奉仕する、ということだ。このシステム全体をまともにしたかった。でもその時点でぼくたちはいまだに名無しだった。

25 残念ながら、ぼくにはこれは証明できない。

会社の命名

会社の命名はとんでもなく面倒だ。いい名前はポジティブで、印象的で、発音しやすく、独得でなければ。そして名前だけではダメで、.comで終わるドメイン名もいる。ドメイン名にこだわるからこそ、多くの新興企業の名前はアルファベットスープのごたまぜみたいに見えるのだ。すぐに思いつくような商業用語とその組み合わせはすべて試した。たとえば支払い（payment）と幸福（happiness）を組み合わせて、Paynessにしてみるとか。[26] ほーらむずかしいでしょ。

命名の迷走は2週間続いた。するとある夜、婚約者とジャックといっしょに帰宅する途中、ぼくはコンビニに駆け込んで、チョコレートで覆ったコーヒー豆を探そうとした。車に戻ると、ジャックとアナはわが新企業をスクウィレル（リス）と名付けていた。悪くない。

さほどすごい動物というわけではないながら、リスはネズミなどの齧歯類《げっしるい》の中では、嫌われていないほうだ。リスがクルミやドングリを集めて貯め込むのも気に入った。だからうちのカードリーダーは小さいドングリの形にしようと決めた。ぼくは、ドングリ形のケースに電子回路を詰め込もうと頑張り、デザインチームは毛深いリスが、ナッツで支払いをしている絵を描いた。

その1ヶ月後に、ジャックはアップル社のカフェテリアで昼食を食べているときに、そこの

POSシステムがすでにスクウィレルという名前だと気がついた。そのときのうちの会社はまだ完全なPOSシステムは作っていなかったけれど、でもかなり近いものだったからこの名前は使えない。そこで、他の毛深い生き物をあれこれ検討した。

ネズミは、何でもやる態度は立派だけれど、世間的なイメージが悪い。ウサギはすばやく親しみやすいけれど、ググってみると、すでに人気のアダルトバイブレーターを支援する契約を締結済みだった。バニーたちはみんな『プレイボーイ』傘下だったし、カワウソは既存のカード処理機のマスコットだった。毛深い動物の候補としてトップはハタネズミだ。これは小さくていささかむかつく齧歯類で、それを提案したのは小さくいささかむかつく投資家の一人だった。ハタネズミの後で、うちのネコのゾーイが名前の選択にあまりに影響しすぎているのではと気がついた。そこで、ゾーイが食べたがる動物以外の選択肢も検討することにした。

ジャックもツイッターの命名で似たようなトラブルを経験していた。もともとは、電話が新規メッセージで振動したときに人々が起こす動作へのオマージュとして、トゥウィッチという名前だった。トゥウィッチ（引きつり）は、数年後に別の会社がまんまと利用したとはいえ、あまりに神経症じみて聞こえた。彼のチームが結局問題を解決したときには、辞書を眺めて同じページにツイッターを見つけたのだった。ジャックは今回も同じことをしてくれた。スクウィレル

26　これは冗談のつもりで提案したのに、エンジニアたちにはえらく人気が出た。スクエア社初のエンジニアの一人サム・ウェンが、今や payness.com のドメインを所有している。

（squirrel）で始めたけれど、やがてスクエア（square）が目に留まったのだ。

名詞としてのスクエア（正方形）は、プラスのおたくっぽい雰囲気を持っているけれど、でもぼくたちはむしろ動詞の意味のほうが気に入った。「square up」というのは、債務を返済したり、何かをまともにしたりするということだ。まさにぼくたちのやっていることで、Squareup.com がぼくたちの新たなアイデンティティとなった。やがてドメイン名は Square.com に変えたけれど、でも会社のメールはすべて Squareup.com ドメインに今でも送られる。

クレジットカードの世界をまともにすることこそ、ぼくたちの完璧な問題だった。

第4章　イノベーションスタック

排除された商人のために、クレジットカードの世界をまともにするというぼくたちの決断はつまり既存の市場の大半を扱わないということだった。既存市場は既存の解決を複製するためのリソースしか提供してくれない。この国境内では、コピーはできても創造はできない。

わかっていない市場で事業を始める人のほとんどは、うまく行っているものをコピーするだけだ。でもコピーが不可能なら、伝承の城壁の外にいるわけだから話が変わってくる。この最初の段階では、あらゆる可能性が拓けていて、何も確定しておらず、自由と恐怖の感覚がある。ほとんど無限の可能性が広がっていて、最高の道を選ぶためのはっきりした基準はない。だれかをコピーするという手は使えない。というのも、だれもここに来たことがないからだ。

山積みになったスクエア社の問題に取り組むにつれて、城壁の外で暮らすのは二つの大きな優位性を与えてくれることがわかってきた。最初のものは、直面する問題はすべて、他のところにある戦略では解決できないということだ——つまり、コピーでは問題から抜け出せない。他の会社のソリューションを利用するのに必要なライセンスがないかリソースがない。そうでなければそのソリューションをうちの目的には使えない。当時は、これは優位性には思えなかった。出来合いのソリューションが使えたら大喜びだっただろう。でもそれは無理だった。だから自分の答えを自分で発明するしかなかった。

城壁外の暮らしが持つ二つ目の優位性は、やりたい放題試せるということだ。やれることは何でも許された。城壁からあまりに遠すぎて、許可を求める相手さえいない。もともとの意味を失った言葉は、起業家だけじゃない。アウトローという言葉もそうだ。現代ではアウトローというと、犯罪者か違法な人物となる。でも何百年も前なら、それは単に法の庇護《ひご》を受けていない人物、ということでしかなかった。アウトローにされるのは懲罰だった。法を遵守《じゅんしゅ》しない人々は、そうした法律の便益を受けられなくなった。人をアウトローにするのは、死刑のない社会でしばしば死刑に代わるものとして使われた。結果はだいたい同じだったからだ。

城壁の外だと、本当に伝統的な意味でのアウトローになる。市場のルールに縛られないが、同時に守られもしない。この「自由」が与えてくれるのはスピードだ。自分の食事は自分で狩るしかないけれど、でも少なくともビュッフェの行列はない。うまく機能するものを慎重にコピーできるのに比べたら、スピードは大した優位性とは言えない。でも他に大した優位性があるわけじゃないから、せいぜいその活用方法を学ぶことだ。

ありがたいことに、自分の答えを発明せざるを得ないようになったため、スクエア社では新しい発想がすぐに実現して発展するような環境が生まれた。生死に関わることなら、創造性が保守性を蹴倒す。新しいアイデアはすぐに試され、検証された。

発明とやり直しの組み合わせだ。この二つの要素は、見事に補い合う。何か新しいことを試し、結果を見て、また新しいことを試す。これで他の支払い産業の会社ではできない問題も解決できるようになった。これはすごい優位性だ。シリコンバレーの決まり文句だけれど、早めに失敗しろ。ほとんどの新しいアイデアは失敗するか、とんでもない欠点を持っている。クレジットカードのリーダーが実は心拍モニタだったりする。だったら次のを作れ。今すぐ。

イノベーションスタックの進化

ある問題を解決するときの問題は、それが新しい問題を創り出し、新しいソリューションが必要になって、そのソリューションがさらに新しい問題を創り出すということだ。この問題―ソリューション―問題の連鎖が続くうちに、やがて次のどちらかが起こる。問題の解決に失敗して死ぬか、あるいはすべての問題を解決して、手元に絡み合いながらも独立したイノベーションの集まりが残る。この成功した集まりこそが、ぼくの言うイノベーションスタックだ。

でもイノベーションスタックは、どっかのマネジメント合宿研修から、刺繍入りフリースといっしょに持って帰れるようなものじゃない。イノベーションスタックは計画ではなく、生死に関わる脅威に対する一連の対応なのだ。その脅威が、自分で城壁外に出ることにしたために起きた自業自得だろうと、放り出されたことで起きたものだろうと関係ない。パイオニアたちが地図なしで旅をしたのと同じやり方で、イノベーションスタックを構築するしかない。

スクエアのイノベーションスタック

みんな、ヘッドセットのジャックに差し込むクレジットカードリーダーが、スクエアを成り立たせる「イノベーション」だと思っている。実は、あのアイデアをまともに特許化したことさえないので、あれはだれでも使える。でも、うちを独特な存在にする他の発明があった――別に独特の存在になろうとしたわけじゃないけれど。草創期には、問題を見つけるたびに、他の連中がそれをどう解決したか探してみた。つや消しアルミとかね。

真似られるものは何でも真似た。企業構造、法的文書、人事方針、所在地、カフェテリア、その他何百もの点は、他の成功したシリコンバレー企業の教科書からそのままいただいた。従業員まで何人かいただいたほど。発明は最後の手段だったし、そのときでさえジャックとぼくは、ホワイトボードの前に立って大計画を描き出したりはしなかった。生き残るために本当に最低限の発明だけをして、それをやる過程で、他のだれもやったことのない1ダース以上ものことをやる羽目になっただけだ。

ジャックとぼくは、問題を解決したかった。その問題は、ぼく自身や知り合いたちにとって個人的な問題だった。その問題を解決するためには、発明せざるを得ない世界に入るしかなかった。発明を選んだわけじゃない。でも選んだ問題のためには、発明以外の道がなかった。うちのイノベーションスタックは、既存市場の外にいる人々に奉仕するという最初の決断から生じたものだった。ボブが入れるようにしたかった。

保釈監視用のセンサーつき足環《あしわ》を、「かゆいから」というだけで切断してしまったことがある人物でも入れるようなクレジットカードシステムを作りたいなら、基本的に生まれながらのアウトローだということだ。すでに既存市場に拒否された人々も入れるシステムを作ることにした時点で、イノベーションの道を進むしかなかった。その道は直線的ではないけれど、言葉は直線的なメディアだ。だからそれぞれのブロックを一つずつ説明はするけれど、これはシチューの個別材料をいちいち説明するようなものではある。

1．単純に

ジャックとぼくは、無駄のないデザインに強く偏向していた。クレジットカード業界についてぼくが理解できた唯一のことは、それが理解不能だということだけだった。プラスチックのカードでお金がどう動くのかをフルタイムで学ぼうと没頭した後でも、まだ混乱していた。普通の人でも理解できるものが作りたかった。不思議なことに、このコアバリューについての共有された信念はあまりに強く、それについてまともに議論したことすらない。単純さを議論するのは、重力を議論するようなものだったろう。毎日、あらゆる瞬間に重力は使うけれど、それについてだれも何も言ったりしない。うちの製品は公平で単純であるべきだというのは、当然とされていた。この二つの価値観は、２００９年のクレジットカード業界には不思議と欠けていたのだった。

そこで、まずは思いつく限り最も単純な発明から始めた。わかりやすい価格だ。万人にとって、常に、取引額の一定割合という単一価格。隠れた手数料なし。これはクレジットカード業界の他の連中の手口とまさに正反対だった。新たな信頼と透明性の水準を作り出すだけでなく、この単純な価格は説明も簡単だった。顧客はこっちの手数料を知っていて、他の人にも説明できる。

これを実現するため、他のカード会社が課金する、取引あたり手数料をなくすことにした。この手数料は、クレジットカード利用で物理的なカーボン紙のコピーを必要とした時代からのバカげた遺物だ。その紙は物理的に、銀行かクリアリングハウスに輸送される必要があった。3枚綴りの紙を動かすには一定の費用がかかって、それはそこに書かれている金額とは比例しない。でも紙のコピーなんて、とっくの昔にクレジットカードの世界から消えていた。なのに手数料は残っていた。取引手数料は、もう存在理由がなかったから、[27]もうそれを顧客に課金するのは正当化できなかった。そんなことをしたら、無用な複雑さを延命させるだけだ。そこで料金体系を単純にしたので、イノベーションスタックの一部がこれでできあがった。

この決断はつらい副作用を伴った。うちは相変わらず、取引ごとの手数料をカード会社に支払わされた。つまり少額取引だと、うちはかえって損をする。その損を埋め合わせるには、他の取引を莫大にやるしかなかった。規模拡大が必要だった。それもすばやく。そこで急成長を実現すべく、イノベーションスタックの他のブロックをいくつか構築するしかなかった。

2. 加盟無料

スクエア社の値づけモデルは、急成長しないと機能しない。だからすばやい面倒なしの体験を作り出すため、加盟は無料にした――これまた業界初だ。

これで、スクエアに興味ある何百万もの商店が試せるようになった。無料というのは魔法の値段だ。無料を説明する必要はない。加盟料として1ドル課金するだけで、無用な面倒を作り出す。だから無料にすることで面倒をすべて取りのぞいた。

単純と、おまけに無料の組み合わせで爆発的な成長が起きた。この二つは相互に強化し

27　2019年の本書刊行直前に、スクエア社は新しいアメリカでのカード提示レートを、スクエアPOS向けに発表した。手数料は2・75%から、2.6%と10セントだ。カード提示レートを引き下げて、取引手数料を追加することで、スクエア顧客の価格は低くなり、それでも業界の中でやっていけるようになった。これについては「低いけれど、最低ではない」の章でもっと述べよう。

合うからだ——どちらの価値も相手の影響力を高めてくれる。でも加盟店の多くは絶対に収益源にはならなかったので、運営経費をものすごく抑えねばならなかった。その費用の一つが、自前のハードウェアだ。

3. 安いハードウェア

2009年に市場に出回っていたいちばん安い携帯クレジットカードリーダーは、リハビリ用の靴みたいな形で950ドルだった。最初のスクエアリーダーは製造原価97セント。安いなんてもんじゃない。安いだけなら50ドルでもよかった。アホみたいに安い。代替品の979倍も安い費用だと、無料であげてしまえる。ベストバイやアップルストアのような小売店でリーダーを売るときでも、小売価格に等しい処理手数料クーポンをつけた。無料は魔法の価格だけれど、そこにクールなハードウェアまでついてくれば、魔力はさらに増す。

これは、他のカード会社に何でもかんでもお金を取られるのに慣れていた人々には驚異的な話だった。実は、うちの話があまりにうますぎるので、何か裏があるんじゃないかと勘ぐる人もいた。そこで、何も裏なんかないし、好きなときにやめてかまいませんよ、と証明するしかなかった。

4. 契約なし

他の支払い処理業者とちがって、うちは顧客を3年契約で縛ったりしなかった。

やめたければいつでもどうぞ。スクエアに興味を持ったら、すぐに登録できたから、利用者急増に役立った。同じく重要だったのは、これでうちの仕組みも単純になったことだ。顧客を長期契約で縛ろうとしなかったから、利用者規程に細かい但し書きをつける必要もなかった。顧客との信頼関係を構築すると同時に、登録手続きも単純化できた。さらに、やめたい人とケンカする必要もなかった。実はスクエア草創期には、顧客とほとんど話をしていない。

5. 電話サポートなし

当初は、顧客サポートはきわめて限られたものにした。電話番号なし、メールアドレスだけで、質問には高速タイピストの小チームが対応した。電話もかけられない会社に金融取引を任せるなんて、信じられないかもしれない。でも文句を言った人はほとんどいなかった。が、考えてみれば、文句を言うためにはメールをよこすしかなかったわけだ。たぶんサポート電話があったほうがいいような顧客は、伝統的なクレジットカード処理会社と契約したんだろうね。そうしたら、確かにいろいろ文句も言いたくもなっただろう。

電話サポートなしは、手抜きなんかではまったくない。単に費用を抑えるだけでなく、そもそも顧客が連絡をよこさずにすむように、さらなるイノベーションを開発するようぼくたちに強制したのだった。

6. 美しいソフト

インターフェースをエレガントで簡単にするのは、それ自体が目的というだけじゃなかった。うまくソフトを作ると、いろいろ余禄がある。

まず、使いやすいから、おっかなびっくりの新規利用者でもすぐに自信がつく。次に、顧客サポートの必要性が減る。でも、自信をつけた静かな利用者という以上の便益があった。利用者が営業部隊になってくれたのだ。

スクエア体験は、ハードからソフトからウェブサイトまで実に美しかったから、人々が噂するようになった。有名なデザイナーが連絡をよこして、共同プロジェクトを提案した。ぼくたちが実にクールだから、みんなうちのブランドと関わりを持ちたがった。そしてそういう絆を強く保つため、みんなにプレゼントをあげた。

7. 美しいハードウェア

製造原価は1ドルに満たなくても、スクエアリーダーは見事な物体だった。ぼくはみんなの目に留まるようなものを作ろうと必死になり、そのために機能性も多少は犠牲にしたほどだ。リーダーそのものが実に革新的なデザインだったので、スミソニアン博物館とニューヨーク近代美術館の両方に展示された。さらにぼくたちは、97セントのリーダーを2ドルの箱に入れた。まるで宝石を渡したような効果が出た。ハードウェアでみんなの予想を上回ることで、何か注目すべきものだというスクエアのイメージはさらに高まった。

8. すばやい決済

自社の成長加速のために手を尽くす一方で、顧客にとっても物事をすばやくしてあげた。スクエアは業界のスピード記録をすべて更新した。伝統的なクレジットカード処理会社は、店舗への入金までに数日かかった。バカげた話だ。これまた1980年代初頭からの遺物だ。当時、ABBAのコンサート用にベルボトムジーンズを買ったら、クレジットカード会社はカーボンコピーを輸送しなければならず、これには何日もかかった。でもディスコが衰退して以来、クレジットカードによる販売で動くのは電子だけだ。それなのになぜか、銀行は同じパウダーブルーのダブルニットレジャースーツを相変わら

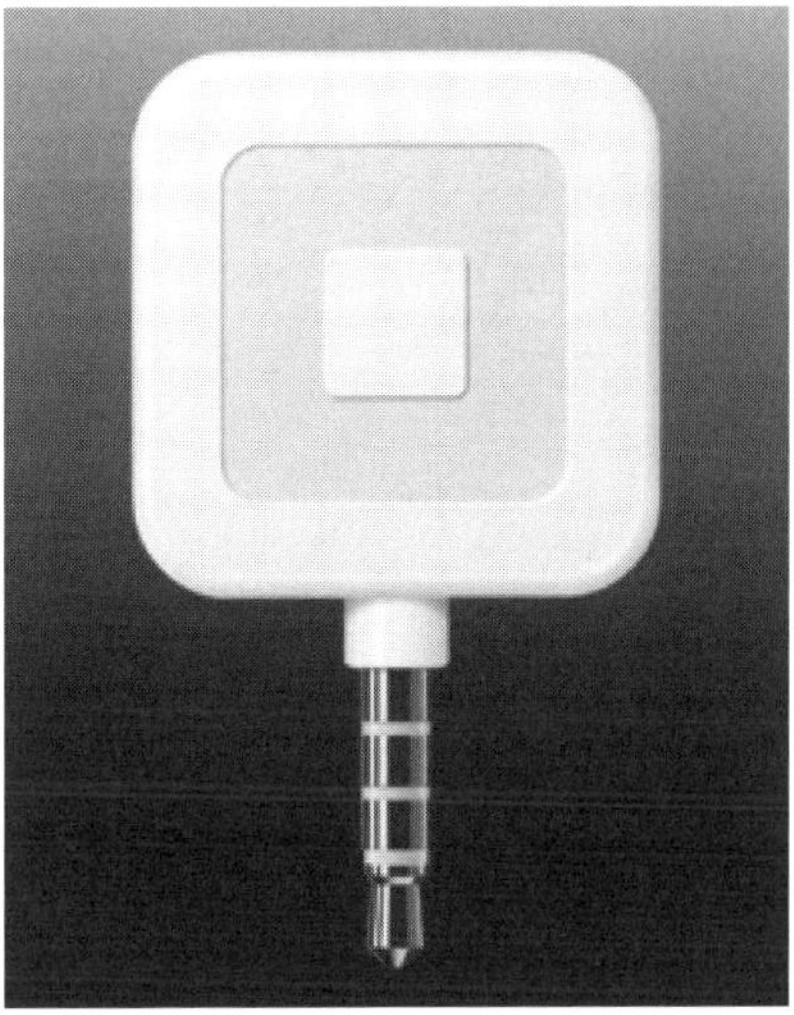

ニューヨーク近代美術館に展示されたスクエアのリーダー

ず着続けている。スクエアは、クレジットカード史上最速の決済を実現し、自分たちが入金を受ける前に店舗に入金した。[28] 多くの場合には即日入金を実現した。

速度が重要な理由はいくつかあった。顧客は大喜びだし、成長も持続できたけれど、もっと重要なこととして「うちの金はまだか」というサポートへの電話が皆無になる。

9. 純額決済

単純な値づけのおかげで、商店にいくら入金すべきかすぐにわかり、毎日入金ができた。業界他社では、手数料が結局いくらになるかわかるまでに何日も待たされ、しかもその手数料が引き落とされるのは月次だ。自分の銀行口座に他人がアクセスできて、相談もなしに勝手な金額を引き落とせるってどうよ。いくら課金されるかわからずに、帳簿を管理できるだろうか。こんなナンセンスをなくすことで、顧客の電話サポートの必要性はさらに減った。

10. 低価格

スクエアの開始時点で、ほとんどの小店舗はクレジットカード手数料として4%以上を支払っていた。うちの2・75%というニュースは、中小企業コミュニティの中で、幼稚園の風邪みたいにものすごい勢いで拡散した。そんな宣伝に、うちは一文も支払っていない。そもそも、どんな宣伝にも一文も使わなかった。

低価格は、強力なイノベーションスタックであまりにありがちな要素だから、後で丸一章かけてその理由を解き明かそう。でも細かい分析がなくても、優れた製品を低価格で提供すれば、口コミプロモーションが拡大するのはすぐにわかる。

11. 広告なし

スクエア社は広告なしで、2年にわたり毎週10%成長を続けた。顧客がうちの話をしてくれる。だれでも理解できて繰り返せる単純な話だ。知り合いが「おまえ、スクエア使うほうがいいぞ」と言って、世界で最もクールなカードリーダーを見せてくれるのに勝る宣伝があるだろうか? これでお金が節約できたし、顧客がうちになりかわって宣伝したくなるような製品づくりに集中できた。顧客が営業部隊で、会社が週に10%成長を続ければ、2ヶ月ごとに営業部隊は倍増する。この拡大する営業部隊は、ますます多くの新規顧客を連れてきてくれた。スクエア社は、ウェブサイトに好奇心でやってくる人々すべてを新規顧客にすべく、手を尽くした。

12. オンライン登録

スクエア商店になる手続きはすべてオンラインで完結する。書類提出もないし、信用審査もなく、ほとんど即座に判定が下る。何百万人もの顧客がほしければ、伝統的な40ページの契約書は使えない。うちのオンライン登録は実にシームレスだったか

28 これは銀行家がネガティブフロートと呼ばれるものを作り出した。みんなネガティブフロートがどんなに危険か警告してくれたけれど、金利がゼロに近いときには大した問題じゃない。2009-2015年はそういう状況だった。

ら、ぼくを大バカ者呼ばわりしたあのCEOも、後にその利用者同意書を一言一句模倣して、独自の短命な真似っこ事業で使ったほどだ。

でもスクエア社のペーパーレス体験は業界にとってあまりに異質だったから、システムの接続先として不可欠だった金融機関が怖じ気づいてしまった。そこで新しい融資引受モデルを開発する必要が出てきた。

13. 新しい詐欺モデル

ドラゴンの形をしたネズミ1万匹にはすでにお目にかかった。そしてうちの解決策も述べた。ありがたいことに、取引量があまりに莫大だったから、データは山ほどあった。この情報の山のおかげで、データ科学とゲーム理論を使って詐欺と戦う新手法を構築できた。

でもうちの顧客の多くは、信用履歴があまりなく、金融業界のパートナーたちはこの連中を信用したがらなかった。うちが詐欺に対処できても、銀行や処理業者はスクエアの顧客に、他の商店と同じアクセスを与えたがらなかった。そこで、スタックにもう一つ要素が必要となった。

14. バランスシートによるアカウンタビリティ

伝統的なクレジットカード会社にはピンとこなくても、革新的な詐欺のモデル化のおかげで、業界他社よりも詐欺への対処はうまくなった。普通の企業がクレジットカード商店アカウントの申請を行うと、銀行はリスクをすべてその企業に負わせる。このためには、すさまじい融資引受調査と莫大な書類作業が必要になる。スクエア社のバランスシートでそのリスクを引き受けることにより、うちは加盟申請をすさまじく単純化できた。顧客のバランスシートより先に自社のバランスシートでリスクを引き受けることで、銀行が本来は信用しないはずの、何百万もの小規模店舗に賭ける自由が生じた。結局スクエア社は、200万以上の新規商店をうちのバランスシート上に受け入れて、クレジットカードのピラミッドの新しい土台に加えた。

既存システムの外で活動していると、伝統的なビジネスモデルをちょっとやそっといじっただけでは生き延びられない。存在しない市場へと手を広げるには、いろいろ変えねばならない。右に挙げたブロックのうち、独立して機能するのはほんのわずかだ。スクエアの決断のほとんどが、他の決断を必要とさせるもので、全体の中の一部としてのみ意味を持つものになっている。

ライト兄弟と初の飛行機にちょっと似ている。飛行機は一つの発明じゃない。大量のイノベーションの山だ。オーヴィルとウィルバーは、単に離陸して飛ぶ方法を考えるだけじゃすまなかった。まず、プロペラを回せるだけの軽量エンジンが必要で、そんなものはだれも作ったことがなかった。いったん飛んでも、どうやって操縦する？　だれも知らない。だってそんなに長いこと滞空できた人はだれもいなかったからだ。だからそれも考案する必要があった。そして、飛行機を着陸させる方法も、それまでだれも考案する必要がなかった。翼の形は確かに霊感に満ちた発明だったかもしれないけれど、飛行機そのものには巨大なイノベーションスタックが伴ったわけだ。

スクエア社の相互に関連し合う14の発明一覧が、計画ずくで狙いすましたものに見えるって? それは単なる岡目八目でそう見えるだけだ。イノベーションスタックを、番号を振った一覧表にすると、そのときの現場で実際にくぐり抜けていたときの感覚よりも、はるかに整理されて見える。ぼくたちがイノベーションしたいなんて思っていなかったことはお忘れなく。見つかるものなら、既存のソリューションは何でも嬉々として真似た。スクエアのシステムにおけるそうした他の要素が右に挙がっていないのは、それが業界の普通のやり方だったからだ。あまりに多くの企業や人々は、イノベーション自体を目標にイノベーションしようとする。結果としてできた「イノベーション」は、失敗した美容整形にしか見えないことも多い。そして最高の場合でも、そのイノベーションは業界みんなにすぐ真似られて、付加的な改善になってしまうだけだ。昔は、自動車はキーを回してエンジンをかけた。ところが、ボタン式でエンジンをかけるかっこいい車が出てきた。今やほとんどの車がボタン式だ。でも、それがどうした?

必要は発明の母だ。イノベーションしようなんて思わない。イノベーションしたいとも思わない。イノベーションすべきだとも思わない。イノベーションするしかないのだ。イノベーションするしか手がない状況に身を置くことで、初めてイノベーションが始まる。

そしてそれは、ひどい道のりになる。最初の発明は何か別のものをダメにする。そこでまたイノベーションするしかなくなる――別にそうしたいわけでもないのに。そしてこのサイクルが繰り返される。かみ合い進化する発明の積み重ねを用意することだ。それがイヤなら、そもそも発明が必要な状況に身を置かないことだ。城壁の中、他人のルールに従って生きるか、何十ものことをちがったやり方で行う覚悟を決めよう。後から振り返れば、イノベーションスタックは、賢明な決断が順番に下されたように見えるかもしれない。でもその進化は単なる生存本能でしかないのかもしれない。

最もイノベーションに富んだ企業の一部は、ひょっとするとイノベーションする気などなくて、単に生き延びようとしていただけなのでは？　世界を一変させた事業が、必要だから生まれてきただけだというのは、歴史書にとってはあまりおもしろい話ではないけれど、でも実際にはよくあることだ。きわめて厳しい条件と、かなり頑固な創業チームを組み合わせると、イノベーションスタックが進化してくる。うちは、既存システムからあまりにかけ離れたところにいる人々にまで、クレジットカード利用を広げたかったので、発明を主要ツールにすることになっただけだ。他にどうしようもなかった。やるしかない。

やるしかない

「やるしかない」という台詞は、スクエア社創業期には新興宗教の呪文のように繰り返されるのを耳にした。そして、みんな本気だった。

何百万もの小商店が、初めてクレジットカードを使えるようにしたかったので、登録申請を簡単にするしかなかった。簡単な登録手続きが必要だから、簡単なソフトを開発して紙の契約書をなくすしかなかった。何百万もの人が登録手続きをするから、顧客サービス費用を抑えるしかなかった。顧客サービス費用を抑えるためには、値づけも簡単にするしかなかったし、純額決済と、隠れた手数料廃止と、紙の契約書廃止もやるしかなかった。低価格が必要だったから、広告費を節約するしかなかったから、驚異的な製品と、みんなが噂をするほどクールなハードと、顧客がわれわれの手助けなしに説明できる製品を作るしかなかった。

新しいことが次々に新しいことに影響し、それがまとまって並行して発達していった。イノベーションスタックの一部は、他の部分を不要にする一方で、他の部分の重要性を倍増させた。すべてが変わり続けた。本当にむずかしいことだけれど、でもそこに生存がかかっている。だから、やるしかない。

第5章　ケリをつける

ケリをつけるというと、一つの意味は借りを返すという意味だけれど、もう一つはケンカを始めるという意味合いもある。どちらの意味も、残念ながら壁の外の会社には関係がある。あらゆる新興企業は生き残りをかけて戦うが、起業家の会社は追加の脅威に直面する。

飢えて喰われる

飢えは一般に新興起業家の最初の大きな不安だ。自分が壁の外で生き残れないのでは、というリスクは精神安定剤の需要を大量に作り出す。都市の支援システムがいろいろないところでは、あっさり餓死しかねない。アイデアがうまく行かない。イノベーションスタックができる前に時間切れになる。うまく行きそうな別のアイデアがあるのに、疲れすぎ、怯えすぎ、貧乏すぎたり、離婚されたりして、再起する気にならない。飢えは冷たく寂しいものだ。

起業家がまっ先に直面する恐怖は飢えかもしれないけれど、最大のものじゃないのが通例だ。飢えを克服したら、次の悪魔が召喚されるだけだ。それが喰われることだ。他にも会社はある。他の企業がこちらの成功を見たら真似る。しかも、もっと大きく強力な会社が。あるいは何十もの小さな真似っこが出るかもしれない。こっちの作ったものを奪おうとするから、飢え死にしなくてもやはり消え去ることになりかねない。

飢えというのは、コーヒー店を開いたところではだれもコーヒーを飲まないという話だ。喰われるというのは、隣にスターバックスがやってくるということだ。

ホットドッグとシャンパン

公式にスクエアを立ち上げて3日後、ジャックとぼくはそれぞれガールフレンドを連れて、サンフランシスコでバレンタインデーのディナーにでかけた。シャンパンのボトルを持って、始まったばかりの航海を祝った。何をやりたいかはわかっていたけれど、それが成功するかはまったくわからなかった。そこで、1年後の2010年のバレンタインデーにまた集まり、もう一度お祝いをしようと誓いを立てた。もしスクエアが失敗していたら、屋台でホットドッグを買ってお祝いだ。スクエアが成功したら、シャンパンだ。

この誓いを立ててよかった。地図なき旅の出発時点でどれほど不安に思うかは、実に忘れてしまいやすい。今後1年で自分たちに起こりそうなことの連続体の中で、屋台のホットドッグと華やかなシャンパンは両極にあった。自分たちの作っているものを欲しがる人がいるのかどうか、いやそもそも自分たちにそれが作れるのかも、見当もつかなかった。スクエアが飢えるかどうかまるでわからなかった。

1年後に、コルクが飛んだ。運命の女神をあまり刺激しないようにはした――シャンパンはプラスチックのコップに注ぎ、保健所検査済みのシールを貼っていないところでホットドッグも買った。1年目にして、事態はなかなかよさげではあったけれど、まだ一般発表はしていなかった。でも全体の様子は好調で、その最初の記念日以来毎年、ぼくたちはシャンパンでお祝いをしている。スクエアは飢えそうではなかった。

顧客には大好評だったし、その顧客が何百万人もいた。それどころか、スクエア社は急成長していた。うちのイノベーションスタックは成功していた――まだそういう呼び方はしていなかったけれど――そして扱う支払い量は週に平均10%で増えていた。それが3年近く続いたのだ。

その頃、スクエアでの雰囲気は発狂じみた多幸感だった。すさまじい成長率の規模だけでも、手当たり次第に採用をして、チームを作り、新しい構造を作り、金曜日ごとにみんながその週の進捗を、ドアを通って入ってくる札束で表示する「タウンスクエア」会議でお祝いをしていた。

でもそのとき、ドアにノックが聞こえた。

完璧な捕食動物

完璧な殺し屋を想像してほしい。ヒグマでもホオジロザメでも、あらゆる生態系には目に入るものすべてを餌食にできる、アルファ捕食動物がいる。経済生態系もまったく同じだし、その完璧な殺し屋の姿を想像するのは簡単だ。

それは一人の、決然とした、即決型指導者の配下にある企業となる。DNAがテクノロジーとニューエコノミーに根差したものだ。ほぼ無限のお金と最高の人々のチームを持った企業。すでに全国のあらゆる人と信頼関係を結んだ企業。お値打ちと便利さを代表するブランドを持つ企業。どこへでも好きな市場に参入し、勝ち続けてきた歴史を持つ企業。

社用ジェット機のレザーシートをお漏らしで台無しにしたければ、そこにすわっている連中に、あんたの市場にアマゾンが参入するぞと言ってやればいい。お漏らし防止専門の会社ですら、アマゾンがやってきたら落ち着いてなんかいられない。その会社は、あるスタートアップ、Diapers.comだ。この小さな会社は順風満帆だったのが、ある日アマゾンがおむつビジネスに参入したがったのだ。

アマゾンは30%低い値段でおむつを販売し、Diapers.comの利潤を吹っ飛ばした。そしてアマゾンは自社のウェブサイトをいじって、おむつ価格が常にDiapers.comよりも低くなるように設定した。最後にアマゾンは、この会社に対してウォルマートより1億ドル低い価格を提示し、買収を申し出た。[29] Diapers.com は今やアマゾンが所有している。赤ちゃんがらみの話ですら、アマゾンはこういうやり口なのだ。

この段落の単語をみなさんが読んでいるのも、おそらくはアマゾン経由だろう。アマゾンはこの国のほぼあらゆる消費者と直接の関係を持ち、その購買習慣について宝のようなデータを抱えている。人々はアマゾンにわざわざお金を払って、自宅に聞き耳を立てる装置を設置する。アマゾンは文字通り、空飛ぶロボット軍団を構築している。連中は、競合企業のグチャグチャになった死骸を、にっこり笑う段ボール箱に詰め込んで、次の市場を制圧するのだ。

そしてそいつがうちを狙っていた。

のぞき穴の外に巨大な鼻孔

2014年夏、スクエアは5歳になったばかりだったけれど、製品ローンチまで18ヶ月かかったから、イノベーションスタックは4歳くらいだった。スクエアは相変わらず単純なビジネスだった。クールな小さい白い正方形カードリーダーをあげて、サービス手数料を2・75%取り、喜んで製品を使ってくれる中小企業の集まりを持っていた。相変わらず急成長していた。直接

29　この数字は3ヶ所の独立情報源で確認したものだが、そのいずれも匿名希望だった。

の顧客サービスはなく、ほとんど広告予算もなかった。

そこへ呼び鈴が鳴って、ジェフ・ベゾスが無料翌日配送で切断した馬の首を送りつけてきた。見てみると、アマゾンはうちのハードを真似して(ただし黒い長方形になっていた)、価格も3割低く設定し、直接の顧客サポートも提供していた。さらに、自分のブランドの普遍性や何億人もの確立した顧客関係を使い、これまで何百もの市場を奪ってきたように、スクエア社の市場も奪いにきたのだった。

対応が必要だったし、それもすばやく手を打つ必要があった。アマゾンを撃退した他の企業の例を探し始めたけれど、そんな企業があったとしても、ぼくたちには見つけられなかった。アルファ捕食動物を撃退する手口の本なんかだれも書いていないし、書いたとしてもそれはアマゾン経由で売るしかない。対抗手段は自力で考案するしかなかった。

アマゾンの戦略は、スクエアの提供するものをほぼコピーして、それを自社のすさまじいブランドと顧客ベースとに組み合わせ、そしてうちよりもっと優れた製品を提供できる三つの部分でこっちを出し抜くことだった。カードリーダー、顧客サービス、費用だ。そのどれも、スクエアが本当に弱い部分だった。

アマゾンの最初の攻撃地点については、ぼくへの個人攻撃のような印象さえ受けた。やつらは、ぼくがもともと設計したものよりうまく機能するカードリーダーを発表したのだ。うちのリーダーの難点はそのサイズだった。スクエアのリーダーは小さすぎて、クレジットカードが読み取りヘッドを通過するときにちょっとたわみ、エラーが起きる。2014年までにうちのハードウェアチームはぼくが設計した元のカードリーダーを何度か作り直してはいたけれど、サイズは決していじらなかったので、たわみは続いた。この問題の解決策は、アマゾンやぼくたちを真似したみんながやったように、幅を2倍か3倍にすることだ。

ぼくももっと幅のあるリーダーを設計して作ってはみたし、それでカードのたわみは解決されたけれど、代償があった。幅広のデザインはどれもカッコよく見えなかった。うちのリーダーは、使い勝手では市場に出回っているいちばん使いやすいリーダーではなかった。見たこともないほどかっこいいものになるようデザインしてあったのだ。うちのリーダーは正方形(スクエア)で、スクエア社のものだ。小さくてカッコよくてユニークだ。うちのリーダーは、注目しろとみんなに命じる。まずは独得のスタイルを持っているからだし、そして次に、使うときに練習が必要だからだ！アマゾンの競合商品「レジスター」の機能と競り合うためには、どうしてもうちのコアバリューの一つである美しいデザインを犠牲にせざるを得ない。うちはこの原理を遵守していたけれど、なぜそれがそんなに重要なのか、意識して理解していたわけじゃない。アマゾンは何の努力も必要ないリーダーを提供していたけれど、でもそれは全然楽しくない。スクエア社はリーダーのデザインを変えないことにした。理由ははっきり説明できなかったし、アマゾンのリーダーのほうがうまく機能したのに、そう決めたのだ。

アマゾンの次の攻撃はうちの顧客サービス、というかその不在だった。当時、スクエアは生の顧客サービス電話番号はなかった。これは見過ごしではない。うちはエコシステム全体を、生の顧客サービスをしないというのを核にして作り上げたのだ。ソフトウェア、加盟、保証、その他何十ものシステムを、顧客サービスがあまりに簡単で、たまにメールでサポートすれば十分なくらいにしようとして構築したのだった。

人のお金を扱う商売が電話に出ないなんて狂ってると言われると、ジャックとぼくはその人がどんなメールアカウントを使っているか尋ねる。ぼくの主な世界との接点は、10年以上も使っているGメールアカウントだ。ジャックはもっと昔からGメールを使っている。その間に一度として、Gメールの顧客サポート担当者なんかと話をしたことはない。よって、一度も話をしないでも、何百万人もの幸せな顧客を持つことは可能なのだ。

でも2014年になるとスクエアの製品ラインはややこしくなってきたので、選択肢として生の顧客サポートを追加しようと計画はしていた。だが顧客サポートは一朝一夕で導入できるものじゃない。よい生の顧客サービス体験を提供するには、何ヶ月もの計画、採用、研修が必要だし、さらにみんながすわる場所も見つけなきゃいけない。急ぐつもりはなかった、というかすでに急いではいたけれど、世界で最も危険な企業が、こっちは電話サポートがあるのにあいつらはないぞと広告を打っているから、というだけでそれを加速はできなかったというだけだ。

アマゾン最後の攻撃ポイントは価格だ。クレジットカード処理経費を1・95％にしたのだ。

これに対するスクエアは2・75%だ。アマゾンの価格にあわせて消耗戦をやってもよかったが、うちは小さくて利潤も出ていないスタートアップだ。アマゾンは利潤はなくても巨大でだれもが知っている会社だ。価格勝負をしたら、こっちが破産に追い込まれかねない。うちの手数料はいい加減に決めたものじゃない。市場の他のだれよりも低いけれど、自分たちが成長を続ければいずれは利潤が出せる価格を選んでいたのだ。

スクエア社の経営会議はいつもは楽しい。でもアマゾンについて議論した日の雰囲気は、ガン病棟の待合室並みの重苦しさだった。スクエアの各部長は、考えられる対抗手段を提案してみろと言われた。そしてそのアイデアを一つ残らず検討してから、ぼくたちは驚くべき結論に達した。地球上で最も恐ろしい会社からの攻撃への対応として、ぼくたちは何もしない。まったく何も。

アマゾンと価格で張り合えば、赤字で死ぬだけだ。アマゾンは価格勝負になれば大喜びだ。向こうは銀行に何十億ドルも持っているのに、こっちはやっと最近になって、ジャックのクレジットカードに頼らずにすむようになったばかり。すでに生の顧客サポートを追加する計画はあったけれど、それを大幅に加速はできなかった。リーダーの見た目も仕組みも気に入っていた。アマゾンの規模にも市場シェアにも対抗できなかったし、空飛ぶロボットなんか1台すら持ち合わせちゃいない。

2014年半ば頃には、自分たちの企業がどんなものになるかについて、文字通り何千もの意思決定を下してきた。それは顧客や従業員を念頭に行った意思決定だ。一つ決断を下すたびに、他の決断を下さざるを得なくなり、だからすべてが相互に絡み合っている。一つ変えれば他のものに影響しないわけにはいかない。うちのイノベーションスタックは完成していたのだけれど、それが与えてくれる力をまだ理解できていなかった。アマゾンに対抗するには、自分たちのやっている何かを変えるしかなかったけれど、でもやっていることすべては、きちんと理由があってのことだった。だから、何もしなかったのだ。

鼻からつま先まで

アマゾンのような会社と鼻面つきあわせてぶつかり合い、つま先で競り合うというのは、ビジネス戦術としても比喩としてもバカげている。もっと正しいアナロジーは、こっちの鼻面を向こうのつま先とつきあわせる、というものだ。あの巨大ハイテクプラットフォームの規模とスケールは、言葉で表現するのはほぼ不可能だから、少し数字を使おう。でもまず、これから明かす数字は、シリコンバレーで働いたことのない人なら信じられないだろうけれど、絶対に正確なものなのだというのは強調しておきたい。

アマゾン相手の「何もしない」戦いの最中に、スクエア社はまだ狂ったような成長をしていて、シリコンバレー企業からたくさんエンジニアを雇っていた。ある日、5年のコード書き経験を持ち、もう一つの巨大ハイテクプラットフォームで働くプログラマに、うちに来ないかと声をかけた。このプログラマは、別に管理職でもなかったし、珍しいスキルセットの持ち主でもなかった。それどころか、最近になってこのプログラマの前チームリーダーを雇ったばかりだった。このプログラマはただの普通の、まともなＪａｖａ開発者で、こっちの申し出は年俸10万ドル、さらに4年のストックオプション10万ドル分だ。これは株式公開以前の話で、まだ取引できる株ではなかった。

この巨大ハイテクプラットフォームは、この従業員を元の職場に引き留めるべく、対抗の申し出を行った。８００万ドル。もちろんこんな数字は信じられなかったので、本当かどうかこっそり調べた。本当だった。今日に到るまで、このとんでもなくたっぷりとした対抗提案にもかかわらず、うちなんかに来ようと思ったのか、尋ねるだけの勇気が出ない。というのもそんな話をはじめたら、おまえはこんな簡単な算数もできないのか、と問い詰めざるを得なくなってしまうからだ。[30] この一件からほどなくして、同じ会社で働く別の友人が電話をよこして、スクエアの入社面接を手配してくれと言う。彼女はそのオイシイ職場をうちみたいなぐちゃぐちゃのスタートアップと取り替えるつもりはさらさらなかったけれど、でもそうするかもしれないと脅すだけで、何百万ドルもの価値があったのだった。

30 おい、だれの話か自分ではわかるよな。いやあ、結果的にうまく行ってよかったよかった。でも２０１４年に、スクエアがこんな大成功するとは想像もしてなかったというのは、掛け値なしの本当だからな。

言いたいことは単純明快。スタートアップがどこかのハイテク巨人相手に戦うなんて、兵士のコスプレしたガキが本物の兵士とケンカするみたいなものだということ。巨大ハイテクプラットフォームは、重要なあらゆる側面で優位性を持っている。お金、人材、顧客、ブランド、ロビイスト、弁護士、特許、空飛ぶロボット。アマゾンはその中でも最も凶悪なところと言える。

アマゾンの攻撃に対して「何もしない」という対応は、「何もちがうことをしない」と呼ぶほうがいいかもしれない。相変わらず週に10％近く成長していて、そのためあらゆる面で無理を強いられた。この勢いだとあらゆる面があふれ出していた。ネットの帯域幅から便所まで。

こうした無理の一部は、物理的に目に見えた。たとえば新しいオフィス——3ヶ所目——に引っ越したばかりなのに、青いイーサネットケーブルが恐ろしい双曲線の弧を描いてぶら下がっている。でもほとんどの無理は、50日ごとに規模が倍増する何十ものシステムを支えようと苦闘するチームメンバー全員の首と背中にかかっていた。顧客数の伸びにあわせて、きれいで真っ白な作業場所の上に並ぶウィスキーボトルの数もますます増え続けた。うちのクールな50年代モダン家具の美学は、今や禁酒法時代の証拠品保管庫の様相を呈してきた。

またアマゾンの攻撃を受けているときのスクエア社のエネルギーには何か変なところがあった。かつてぼくが作った各種の会社が深刻な競合の脅威にさらされていたときには、会社のエネルギー水準が変わり、会社が独自のアドレナリン腺を発達させたかのようだった。競合他社の存在は、チームを鼓舞するか、やる気をなくさせるかだというのは見てきたけれど、スクエアで見たような無反応は見たことがなかった。アマゾンがスクエアを攻撃したときに驚かされたのは、うちのエネルギー水準がまったく変わらなかったことだ。

みんな、何が起きているかは知っていたのに、だれも何もちがうことはしなかった。もちろん成長のこの段階で、会社のエネルギーはすでにあまりに高くて、残ったご飯を会議室に置いておくだけで温め直せたほどだ。でも経営会議室からぼくが見ていた眺めは、不気味なほど静かだった。アマゾンがどのくらい成功しているか見当もつかなかった。というのも向こうの数字を見たことはなかったからだ。唯一見えたのは、自分の顧客と、彼らが絶えず生み出す解決すべき新しい問題の流れだった。なぜ自分がこの道を選んだかは知っていたけれど、何が起きるのか、戦いがいつまで続くのかは見当もつかなかった。自分たちのイノベーションスタックが、競合に対してどんなに狂ったほど強力かもわかっていなかった。そんなものを自分たちが持っていることも気がついていなかったのだ。

スクエアとアマゾンの戦いは、たった1年強しか続かなかった。奇妙なことに、その間に一度たりとも、アマゾンの真似っこ黒リーダーを現実世界で見かけたことはなかった。何か見落としていたのか？　なんか静かすぎやしないか？　でもスクエアでの生活は昔ながらの状態がずっと続いた。製品を作り、顧客をサポートし、成長を続ける。

２０１５年ハロウィーン直前に、玄関の呼び鈴がまた鳴って、今回は吉報がやってきた。アマゾンは、自社の「レジスター」製品を打ち切ると発表したのだった。彼らの名誉のために言っておくと、市場を退出するときのやり方は、アマゾンの連中はとんでもなくカッコよかった。「レジスター」顧客はみんな、ニッコリした段ボール箱を受けとって、その中には小さな白いスクエアのリーダーが入っていたのだ。

自分が何をやって、それが成功したのはわかっていたけれど、その理由がわかるまでには3年かかった。単なるツキか、それとも何か別のことが起きたのか？ うちが成功を続けているのはなぜで、もっと重要かもしれない点として、あれほど優位性のあったアマゾンの失敗はどう説明をつけようか？

こうした問題について考える中で、他の産業について似たような事例を探し始めた。新興企業が既存企業――ときには産業全体――と対決して勝った例だ。似たような経験を持つ他の企業が見つかれば、何か根底にあるパターンや深い教訓があるかもしれない。

スクエア社は確実に何かちがっていたけれど、自分では何がちがうかわからなかった。やっとその答えがわかったのは、スクエアのどこがちがっているかを尋ねたからではなく、その他ほぼあらゆるものを同じにしているのが何かを尋ねたからだった。

第6章　コピーのコピー

アマゾンに勝ったのは気に障った。いやもちろん、負けてもやっぱり気に障っただろうけれど、それでも勝ってあまりいい気はしなかった。なぜ勝ったのか説明できなかったからだ。この戦いからくる日々の雑音が消えて、さらに暇ができたので、ぼくはさらに気が変になるまで首をひねり続けた。**いったいさっき、何が起きたんだ？**

駆け出し企業がアマゾンに勝てたりしない。うちは何か独創的なことか、とんでもなく珍しいことをやったにちがいない。でも何を？ やったことの何一つとして、さほどユニークには思えなかったし、まだイノベーションスタックも理解していなかった。1年にわたりこの疑問に答えようとしたけれど、何も出てこなかった。

アーティストや数学者は、複雑な問題やアイデアの本質をとらえる巧みな技を持っている。反対のものに注目するのだ。数学者が「間接証明」と呼ぶものをアーティストは「ネガティブスペース」と呼ぶけれど、発想は同じだ。狙いの正反対のものに注目するほうが、狙い自体に注目するよりも簡単なことが多い。イライラしすぎて、ぼくはやっとオリジナリティを探すのをやめて、その反対のものを探し始めた。すると、その答えはそこらじゅうにあった。というか、身の回りにはそういう答えしかなかった。

ほとんどあらゆるビジネス問題への答え

でも起業家精神とネガティブスペースの抽象世界を探究する前に、正反対のことをやって、具体的なビジネスと既知の秘訣について論じたほうがいいと思う。ビジネス書を成功させる秘訣はすべて、えーと、何か秘訣を必要とするというものだ。成功Xカ条がなければ本にならない。チェックリストがなければ印税小切手《チェック》もなし。[31] チェックリストなしの本なんて、どんなにがっかりするかはよくわかる。未踏の地の地図を欲しがらない人がいるもんかね。

でも本書のテーマは未知の探究だ。だから成功への5カ条だか7カ条だかを期待していた読者へのせめてもの慰めとして、あらゆる既存産業での普遍的な成功の秘訣を教えてあげよう。この秘訣は、橋造りから石けん売りまですべてに通用する。もう何千年も成功してきたし、手を出すあらゆる既知の分野で成功する力を与えてくれる。もっとありがたいことに、あなたはこの秘訣をやるのに必要な基本能力を生まれる前から保有して実践してきたし、ほぼまちがいなくその名人になっている。

よろしいかな？

他のみんながやっていることを真似しなさい。

この秘訣は、競争のすさまじい業界ですら機能するし、実はそんなにややこしくもない。たとえばニューヨーク市のレストラン産業を考えよう。ニューヨーカーに飯を食わせるほどの殺し合い産業はない。仰天するほどのすごさでない限り、すべて昨日のサラダ並みに即座に処分されてしまう。でもレストラン産業に参入したいなら、成功の秘訣はあるし、シェイクシャックCEOのランディ・ガルッティのような人はそれを知っている。[32]

ランディ曰く「うちがハンバーガーを発明したわけじゃない。実はうちのレストランのメニューに載っているのはすべて、ダニー・メイヤー[33]がガキの頃にセントルイスで食ってたもののばかりだ。バーガーやポテトフライはステーキ&シャックに刺激されたものだし、フローズン・カスタードはテッド・ドリューアーズからいただいたんだ」。もちろんシェイクシャックは刺激を与えてくれた会社を完全に真似たわけじゃない。ランディたちのチームは毎日、できるところはすべて洗練させて改善するよう頑張っている。ある日、彼らのテストキッチンを訪

31　あるビジネス書の大出版社は、チェックリストがないからといって本書の草稿を読もうとさえしなかった。
32　ランディからの引用は2018年12月17日シェイクシャック本社でのぼくたちの会話より。
33　ダニーはアメリカ最高のレストラン支配人の一人。

ねたら、世界のシャック店舗向けに20種類のハンバーガー用バンズのレシピを評価していた。顧客がバーガーとポテトフライについて何千ものちがった意見を持っているので、シェイクシャックはあらゆる細部にこだわる。「我々のチームは毎日、あらゆることをちょっとだけ改善するよう頑張っているのです」

でもテーブルだの椅子だの、ナプキンだの食べ物だの、掃除だの免許だの、レストランに必要な他のものはどうなんだ? ランディはこう説明した。「町のレストランはすべて同じ業者を使っているし、トイレが詰まったらみんな同じ電話番号にかけるんだ」。つまり、他のみんながやっていることの真似を助けるために、一大産業が丸ごと成立してるってわけだ。

従業員は、特に接客業では、事業の生死を分けかねない。でもそこですら、ほとんどあらゆるレストランは同じ人材プールで人探しをする。ライバルから引き抜き、引き抜かれる。ランディも認めた。「こないだ、ダニーの別のレストランからトップシェフを引き抜いて、うちのテストキッチンを任せたんだ。シェイクシャックを経営して最高の才能をひきつけないとね、そのために親分の他の店から才能を盗んでくることになっても」

言い換えると、何一つ発明する必要はない。まともな場所を見つけよう。いい人材を雇おう——たぶん他のすごいレストランから盗むのがいい。テーブルも、食べ物も、リネンも、保険も、その他あらゆるものを他のみんなが使う10ヶ所かそこらの業者から買おう。メニューの値づけも競合他社と似たようなものに。ヨイショのオンラインレビューを何十個かでっちあげよう。[34]

そして、とにかく必死で働こう（ややこしくないとは言ったけれど、簡単だとは言いませんでしたからね）。平均的なレストランと同程度に基本的なことができていたら、たぶんニューヨークにある他の何千ものレストランと同じくらいは儲かる。シュムペーターとぼくなら、あなたを成功した「ビジネスパーソン」と呼んであげよう。

ほぼあらゆるビジネスはこういう仕組みだ。確立した市場を見つけて他の人がすでにやっていることを真似よう。さて、やるべきことは自分の新会社用に既存市場を少し削り取って、ひょっとすると自分の事業のほうがよくなるような、ちょっとした改良を付け加えればいい。低価格、マシな製品、位置の近さ、配送の速さ、あるいは英語をしゃべる顧客サービス。

既存市場で居場所を見つけるのは、混雑したエレベーターに入るようなものだ。乗っていた人たちはあなたを歓迎はしてくれないけれど、もじもじ動いて少し場所を空けてはくれる。黙礼の必要さえない。ドッグフードや家庭用醸造装置のオンライン店を開きたい？　会計ソフトやチーズのサブスクサービスを構築したい？　毎月服を箱に詰めて人々に発送したい？　こうしたビジネスすべてには秘訣がある。みんながその秘訣を知っているような会議にすら出席している。既存市場内で事業を構築するなんて、毎日だれかがやっている。試験はむずかしいかもしれないけれど、他の生徒の解答をカンニングするだけでいい。

34　シェイクシャックはこれはやらないけれど、でも「レビュー捏造」はあまりに広まっているので、はい、インチキレビューを投稿してくれる会社もあるほどです。

リリーフ役の起業家精神

スクエアのアマゾンとの戦いでオリジナリティを探し求めるという苛立ちの探索は、それに逆らう力を研究することで、起業家精神をどう理解すべきかという洞察に間接的につながった。何が起業家精神でないかを理解すれば、それが何であるかを理解できる。でも起業家精神などという秘教的な代物に、そもそも反対のものがあるんだろうか？

ある。そして起業家精神に逆らう力を理解するのは、真のイノベーション理解の役に立つからというだけでなく、それが世界で最も強力な力かもしれないので、実におもしろいのだ。実は起業家精神の反対は、生命そのものの根本的な要素なのだ。

あらゆる生命体は何か別のもののコピーであり、通常は自分自身をコピーできる。あらゆるムシ、バクテリア、シロナガスクジラは、何か類似の親のコピーとして始まった。生命の始まりはわからなくても、生命がどうやって続いているかはまちがいなくわかる。複製だ。ぼくたちはコピーで生まれ、コピーするために生まれた。

なぜか？　だってそれがうまく行くからだ！　今すぐ身の回りを見てほしい。目に入るものすべて、何か別のもののコピーだということもあり得るどころか、実際そうなっている可能性が高い。コピーはエントロピーに対する自然の解答だ。世界が成功した生物を複製できないなら、生命は続かない。コピーするのはそれが生存のやり方だからだし、みんなそれがとても上手だ。

ぼくたちの生命ですら、両親のＤＮＡコピーで始まる。これは遺伝のコードで、何百万回も複製され、ご近所やペットとのちがいはごくたまにほんのわずか生じるだけだ。あなたとペットの金魚とは、ＤＮＡの7割方が同じだし、統計学者から見ればあなたとネコは双子も同然だ。[35] 生まれて大丈夫なほど細胞が複製されると、コピーはさらに増えるだけだ。人生最初の数年間は完全なコピーモードで過ごす。一例として言語を使うと、赤ん坊は最初に聞いた音を認識し、そして真似るよう学ぶ。[36] 赤ん坊の脳みそも真似するように設計されている。[37]

その後ぼくたちは、10年以上学校でコピーの手口を定式化する。そこでの主要な狙いは、他人がすでに学んだのと同じことを学ぶことだ。実際、学生は修士課程までずっと、何一つ独自の考えなしに切り抜けられる。そして博士論文は独自性ある研究のはずだけれど、その独自研究の形式は他の成功した博士論文からコピーする必要がある。

そして学校でコピーを学ぶのは勉強分野だけじゃない。集団作業のために、他人の行動をコピーする。よいコピーは通常、お行儀の良さと同じことだ。だれかに気に入ってほしかったり、話を聞いてほしかったりすれば、相手を真似しよう。世界で最も成果を挙げた催眠療法家で催

35 www.genome.gov/about genomics/fact-sheets/Comparative-Genomics-Fact-Sheet 参照．
36 P. J. Marshall and A. N. Meltzoff (2011). "Neural mirroring systems: Exploring the EEG mu rhythm in human infancy." *Developmental Cognitive Neuroscience* 1: 110–23.
37 J. N. Saby, P. J. Marshall, and A. N. Meltzoff (2012). "Neural correlates of being imitated: An EEG study in preverbal infants." *Social Neuroscience* 7: 650–61.

眠セラピストであるミルトン・エリクソンは、呼吸などの身体機能を患者にあわせるところまでやっている。[38]

起業家精神を教えるなんてそもそも無理なの?

でも起業家精神は、少なくとも本書で使っているような意味の起業家精神は、学校では教えてくれない。だからといって、その言葉が多くの講義の名前に貼りつけられていないわけじゃない。でもカリキュラムは元のままだ。糊が弱まってはがれてくると、「起業家精神」の下から古い「中小企業経営入門」のシラバスが出てくる。[39]

友人ハワード・ラーナーは、実際にそんな講義を教えようとしてみたけれど、結果は大爆笑だった。ハワードは、スターバックス登場の何年も前に、セントルイスで初のハイエンドコーヒーショップチェーンを作り出した。後にその会社を何百万ドルもの値段で売却すると、あっさり引退したりヨット競争に精を出したりするかわりに、ハワードはワシントン大学の教授陣に加わり、「へえ、起業家になりたいの?」という新しい講義を教え始めた。

「起業家精神は教えられるもんじゃない、少なくとも私には無理だ」とハワードは白板マーカーを引退させた数年後に語ってくれた。「学生に独創的な考えを見せると、みんなその例をコピーするだけなんだ。何度指さして示しても、連中は指を見るだけなんだよ」。大学を辞めてからも、ハワードは学生たちと連絡を取り続けて、この熱心なイノベーター志願者たちがどうなったかを調べた。10年後に、ハワードの生徒の1割ほどはあっさりハワードを真似て、自前のコーヒー会社を始めた。残りの半分近くは、ハワードが講義のネタに使った会社のどれかで働いていた。「講義の事例としてベビーパウダーを使っていたら、あの連中はジョンソン&ジョンソン社にでも入っただろうね。本当に事業を始めたわずかな学生も、私とまったく同じものを始めた。私としては名誉に感じると同時に侮辱だとも思ったよ。これ以上に皮肉なことと言ったら、みんなが起業家精神の先生になってしまうくらいかな」

でも実は、学校がこんなに上手にコピーを教えてくれるのはよいことだ。というのも、労働者として必要な主要技能はコピーだからだ。クレイグスリストで募集する臨時雇いからCEOまで、仕事の中身はすでに他の人が決めてしまっている。もし答えを自前で出せなければ、それはコピーする相手をまちがっているだけかもしれない。クリエイティブな仕事ですら、ほとんどの仕事は他のクリエイティブ系の人々の、同期した流れの中で行われている。ぼくはオリーブ色のモフモフじゅうたんの家で育ったけれど、驚いたことに友人たちの大半もそうだった。ぼくたちは同輩たちとあまりに横並びなので、多くの独立した発見ですら同時に行われている

38 エリクソン自身は、自分の驚異的な能力を子供時代のポリオ感染のせいだとしている。麻痺してしまい、唯一の楽しみは兄弟たちの行動を細かく細部まで観察することだったそうだ。後にこの模倣能力を使って、他の医師が匙を投げた患者と心を通わせて治療した。

39 ソーシャルメディアマーケティングについて新しい項目が追加されているくらいかな。

ほどだ。[40]

カンパニーのできあがり

だから英語の「カンパニー」という言葉が、集団と会社の両方を意味するというのも実にうなずける。成功した会社を作りたいなら、うまく機能することをやらないとダメで、そのためには似たようなことをする同輩たちの集団に交じることになる。言い換えると、カンパニーをコピーするカンパニーは、カンパニーができるわけだ。

「ちょっと待った、オレは独創性を評価するぞ」と思ったそこのあなた。

そりゃぼくだって、独創性は評価する。ほとんどの人は評価してる。そもそも、自分に独創性がないといって自慢する人なんかに会ったことがあるだろうか? 皮肉なことだけれど、独創性欠如を評価するほうが、実は独創的な発想かもしれないのだ。同輩たちや広告業者たちは、独創性はすばらしいと教えてくれた。自分の独創性を表現するのに、大量生産された製品を買う。友人の一人は、真っ黄色の車を運転することで独創性を表現している。でも、ゾウに乗って通勤したりはしていない。

でも、みんな他の人と同じように独創的になりたがっているのは、別に広告業界のせいじゃない。独創性賞賛という発想自体がはるか昔からのものだ。独創性はしばしば、性的欲求の対象と並んで広告されている——パラドックスめいたことに、自分自身をコピーしたいという原初的な衝動を利用して独創性を打ち出しているわけだ。

コピーがほぼ常に最高の選択肢なのは、うまく行くものは珍しいからだ。分子、音楽、経営者のほとんどの組み合わせは、まったくうまく行かない。だれかがたまたま解決策にぶち当たったら、他のみんなに真似しろと言っているようなものだ。だからコピーして、本能的にコピーして、意識的にコピーして、コピコピにコピーする。コピーは脳や制度にあまりに根を張っているので、コピーするのをやめたとたんに不安になるほどだ。

不安がいいときもある

真似には一つだけ大きな問題がある。何も変わらないということだ。生物種としても社会としても、何かが変わらないと進歩できない。もちろん、ほとんどの変化は失敗する。マンガでなら、DNAをいじるとスーパーヒーローになれるかもしれないけど、現実世界でやってごら

40　ごく一部を挙げるだけでも、微積分、酸素、磁力、電話、進化はすべて複数の発明発見者がいた。他の例はR. K. Merton (1961). "Singletons and multiples in scientific discovery: A chapter in the sociology of science." *Proceedings of the American Philosophical Society* 105(5): 470-86 参照。

ん。ガンになるだけよ。[41]

でも変化は必要だ。コピーがあまりに完璧にならないように、自然は伴侶か授粉者を見つけるよう仕向ける。単に物事を少し混ぜ合わせて、ひょっとすると種を少し前進させるために。数学者にとって、再生産にパートナーが必要だなんてのはまるで筋が通らないのに、それでも自然はそこにこだわる。

オスは基本的に再生産の半端物だ。ごく少数の動物、主にオオカミやトリや人間などでは、オスは本当に育児に貢献するが、[42]ほとんどのオスはしない。オスは単にDNAの駐車場だ。計算すればわかる。無性成体が4匹いれば子孫は8匹だけれど、オス2体とメス2体だと子孫はたった4匹だ（ほとんどのオスは育児を手伝わないし、ときにはガキを喰ってしまうこともあるのをお忘れなく）。だから無性生殖個体群は有性生殖個体群の2倍の勢いで増える。計算は男嫌いなのだ。

でも窓から外を見れば、ほとんどの生物は有性生殖なのがわかる。なぜか？ 完璧なコピーは時間がたつ中で敗北するからだ。適応能力がないので、無性生殖生物は進化が遅く、世界の変化を扱いきれない。だから有性生殖生物は、オスを我慢しなくてはいけなくても、勝つことになる。これは研究室でも自然界でも証明されている。[43]そしてビジネスでも同じだ。企業は絶えず、自分の製品やプロセスを自然淘汰と同じ形で改善しようと苦闘する。

だから母なる自然と市場閣下はどちらも変化を求める。通常、この変化はのろいけれど、常にとは限らない。たまにある生物種や会社は、天敵や競合のいない生態系に出くわし、そうなれば成長は爆発的になる。だが外来侵入種は通常はよくないけれど、外来侵入企業はよいものになることもある。

面積の限られる物理世界とちがって、ビジネスの領域は無限だ。新市場の創造はゼロサムじゃない。飛行機が発明されても自動車は亡びなかった。そして生物種は日光やタンパク質を求めて競合するけれど、ビジネス界ではお隣を破壊しなくても成長できる。実際、人間の歴史はほぼ持続的な経済成長を実現してきた。[44] この成長のほとんどは安定した、段階的な進歩だ。携帯電話は、昔は遅くて頼りにならなかった。今や高速で信頼できる。でもときどき、爆発的な成長をもたらすブレークスルーがある。最初の携帯電話システムなどだ。

コピーとイノベーションは仲間だ。完璧な問題を解決しようとして、爆発的な成長を作り出した場合でも、やったことのほとんどはコピーで、単にすべてをコピーはしないというだけだ。できるときにはコピーを。必要なら発明を。

41 H. Lodish et al. *Molecular Cell Biology*, 4th ed. Section 12.4, "DNA Damage and Repair and Their Role in Carcinogenesis" (New York: W. H. Freeman, 2002)
42 これを書いている今、ぼくは自分自身の小さなコピーの一人が電源コードをかじっているのを見守っている。
43 J. F. Crow (1994). "Advantages of sexual reproduction." *Developmental Genetics* 15(3): 205-13. www.ncbi.nlm.nih.gov/pubmed/8062455.
44 L. Neal and R. Cameron. *A Concise Economic History of the World* (New York: Oxford, 2003).

コピーはすばらしいものだけれど、唯一のものであってはいけない。競合に対抗するには、まちがいなくコピーを選ぶのがいいけれど、でもそれで競合がいない状況は決して作り出せない。コピーは常に安心だけれど、でも発明のスリルは決して作れない。コピーはほぼ必ず正解だけれど、世界をひっくり返すような変化は決して生み出せない。

もちろんコピーしかしないなら、社会には受け入れてもらえる。逆に実績あるやり方を拒否したら、あなたも社会に拒否されるかも。ビジネスパーソンとしての成功の可能性は、起業家としての成功可能性よりはるかにでかいものだ。

こうしたリスクを考えると、起業家になるなんて頭がおかしいとしか思えない。

でも、一部の人はそれを選ぶ。

なぜだろう？

第2部　専門家というウソ
―先人のイノベーションスタックに学ぶ―

バンク・オブ・イタリー（Bank of Italy）

設　立 1904年　本　社 アメリカ

創業者 アマデオ・ピエトロ・ジャンニーニ

銀行。イタリア系移民のためにサンフランシスコで設立。少額でも取り引きできるようにしたことで事業が拡大。1906年に起きたサンフランシスコ大地震の後でも被災者のために融資したことで評判を上げ、大きく成長した。その後も拡大を続け、1928年にバンク・オブ・アメリカを合併して同名に改称。全米でも指折りの民間金融機関となる。

イケア（IKEA）

設　立 1943年　本　社 オランダ

創業者 イングヴァル・カンプラード

家具店。スウェーデンにて創業。自国から競合他社によって閉め出されたためポーランドに進出。その後、商品を紹介するショールーム、家具を組み立て式にすることで実現した低コスト、オシャレなデザイン、長時間楽しめるよう店内に設置されたレストラン等がヨーロッパで人気を博す。現在は、ヨーロッパ、北米、アジア、オセアニアなど全世界に展開している。

サウスウエスト航空
（Southwest Airlines）

設　立 1967年　本　社 アメリカ

創業者 ロリン・キング、ハーバート・ケレハー

格安航空会社。テキサス州ダラスにて設立。当時、富裕層しか利用しなかった飛行機を一般層にも広めるために、同社の顧問弁護士だったハーバート・ケレハーが格安で定時運行のビジネスモデルを実現。「従業員第一主義、顧客第二主義」「座席指定なし」「機内食なし」「ファーストクラスなし」といったユニークな手法で、全米最大の航空会社にまで発展した。

すごい生涯を送っている人々を真似すれば、すごい生涯が得られる。コピーは実に至高の強力なツールだから、当然ながら次の質問が出てくる。なぜそれ以外のことをやろうとする人が出てくるんだ？　コピーと細かい改良の安全性と予測可能性を考えれば、まったくちがう跳躍を行って全面失敗の危険を冒す必要があるんだろうか？　でも人によってはその城壁都市を出ようとしたがる。正気か？　そいつらの動機は？

城壁都市を去ろうと決める人々にとって、二つの動機が重要だ。最初のものは、だれもが知っている動機だ――それを「こだわり」と呼ぼう。こだわりは人々の仕事を完遂させ、先へ進んで進み続けさせる。こだわりに特化した産業が丸ごと存在する。自分のこだわりを強化するための1週間セミナーなんてのもある。それはほとんどの活動で、成功の鍵だ。それはまた仕事の倫理、やり遂げる、頑張り、根性、決意、その他普遍的に尊敬された表現で呼ばれている。

だが二つ目の種類の動機は、起業家とアーティストだけに当てはまるもので、ほとんど論じられない――それを「臆面のなさ」と呼ぼう。臆面のなさのせいで、人は都市を離れてこれまでだれもやったことのないことを試みる。臆面のなさは一般にいい顔をされず、せいぜいが成功したら後知恵で敬意を表されるくらいだ。信頼されたやり方を拒否する連中を表すピカピカの名詞はない。

いったん城壁都市の外に歩き出て何かまったく新しいことをやるほど臆面がなくなれば、こだわりのほうは何ら問題ではないはずだ。やめたら死ぬだけだ。セミナーはおしまい。恐怖が生存本能を煽り、必要が生み出す発明を次々に繰り出すことになる。イノベーションするという「意思決定」をするのは実に簡単だ。というのも他に選択の余地がないも同然だからだ。

生き残るために何十ものことをやるのは、別にそれを敢えて選んだからじゃない。ただ生き残るために選択し——そして何十ものことをやる羽目になるだけだ。つまり本当の選択は、完璧な問題に取り組むべきかどうか、というものだけだ。最終的に、何か新しいことをやるかどうかの決断は、完璧な問題を解決するだけの臆面のなさと、失敗の恐怖との戦いで決まる。その問題をどれほど重要視するかと、どれだけ費用がかかるかということだ。もし重要視しているなら、失敗なんかクソ食らえ。

こうした高い賭け金のせいで、都市を離れようという最初の決断はなおさら困難になる。臆面のなさはきわめて個人的な問題だし、とても理解しにくい。ぼくは著作や対面で起業家たちを研究してきたけれど、動機は推測するしかない。そのお話を共有するだけにして、読者自身の判断に任せるほうがいい。でもやはり問題は残る。なぜあなたは安全な城壁都市を離れたの？都市内のみんなは、そこを離れるなんて頭がおかしいと思っている。

でも頭がおかしいというのを理解するには、人の心がある程度はわからねばならず、だからこそ臆面のなさについての議論は決して聞かれない。一見するとイカレた行動の背後の動機を理解できたらすごいけれど、どうやって？起業家精神の背後にある駆動力はあまりに個人的なので、ほとんど研究するのは不可能だ。

研究の代わりに、ぼくはお話を提供しよう。起業家何人かに会って、何が起こったのかを聞いてほしい。臆面のなさについて独自の洞察を持ってほしい。手始めに、ぼくがよく知っていた7歳の少年からだ。

第7章　レモネード

ぼくの最初の事業取引は、ご近所の現金のみのレモネードスタンドだった。人類が初めて月に降り立ってから3年後のことだったから、売りに出ていたのはレモネードではなく、オレンジ「タング」だった。甘い粉末化学！　セントルイスの暑い午後にはまたとない代物だ。ぼくは10セント払ってコップを受けとったけれど、何か変だった。スタンド経営の少年たちは、ぼくのドリンクを大量の水で薄めて、舌がオレンジにすらならないようにしてやればおもしろいと思ったのだった。ぼくは苦情を述べたが、連中はぼくのディクシーカップの中身がＮＡＳＡ基準に合致していると頑固に主張するのだった。

その主張を証明するため、連中は他の子のコップの飲み残しをぼくに飲ませ、その間ずっとゲラゲラ笑って、自分たちは何も悪いことをしていないと主張し続けた。１９７2年の消費者保護はケンカ能力に正比例しており、兄や姉のいないガリガリの7歳児としては、相手にお金を渡すしかなかった。無力感のあまり怒りを表明することさえできないというあの気分は忘れない。その場を離れるまで泣かないようにするだけで、もう必死の努力が必要だった。

怒りはとんでもないエネルギー源で、ガソリンタンクみたいなものだ。かつてはあまりに危険で爆発的だから産業廃棄物にするしかないと思われていたガソリンは、[45]今やぼくたちを地球上あらゆる場所で駆動してくれる。大爆発かウィスコンシン州への旅行かは、すべてその使い方次第だ。怒りコントロールの熱力学は、家族が実例で教えてくれた。父は化学工学の教授でワシントン大学工学部の学部長だったけれど、怒鳴ったりしたことは一度もなかった。この50年で父が呪詛《じゅそ》の言葉を述べるのはたった2回しか聞いたことがない。ぼくは生まれたときから、ガソリンをタンクに入れているときにはタバコを吸うなと教わってきた。

あのレモネードスタンドは、腹を立てたのに無力だという最初の記憶だった。その連中に何かしてやるだけの度胸も知恵もついに持てなかったし、だからこそあの記憶がこんなに強く残っているのだと思う。からかわれていじめられるのは、友達やぼくにとってはいつものことだった。むずかしいのは、いじめっ子たちに泣くところを見られないことだ。ぼくはガソリンタンクを強化し、長年かけて補強して、本当なら一街区丸ごと吹っ飛ばすほどの爆発でも抑えられるようにした。大学に入る頃には、そのタンクは次の試験の用意ができていた。そしてそ

45 ガソリンは灯油の不要な副産物だった。灯油はアメリカの家庭照明に使われていたけれど、そのいとこである双極炭化水素は地面にぶちまけられ、川に流し込まれた。オハイオ州のクヤホガ川はしょっちゅう炎上した。

のときには、ぼくは本当の対応策を持っていた。イカレた対応策をね。

もちろん、イカレているかどうかは見方次第。イカレて見えることも、きわめて合理的な理由でやったりするかもしれない。また合理的に見えることをイカレた理由でやることもある。たとえば教科書を書いたりとか。ぼくはこれまで教科書を3冊書いた。2冊はプログラミングについてで、一つはガラス吹きについてだ。でも最初の本はイカレてた。一見すると、プログラミングの教科書ほど合理的なものはなさそうだ。基本的には、大量の論理記述を論理的な順番で、論理的に説明したものなんだから。コンピュータの教科書は登場人物もストーリーもない。それでも突拍子もないものにはなれる。

最初の教科書を書いたのは18歳のときで、怒り満タンに動かされて書いた。1983年秋のことで、ぼくはワシントン大学で経済学を学んでいた。コンピュータには何の興味もなかったけれど、服装を見ればそうは思わなかったかもしれない。でかいシマシマ模様の膝までのルーズソックスがもはや流行遅れだと教えてくれる人はだれもいなかった。ぼくがずっと小さい頃にママが買って、成長するにしたがって裾をだんだんほどいていったので、足首のあたりには成長につれてわっか状の跡がついたジーンズを相変わらずはいていた。最後に、シャツがぼくの異様に長い腕を覆うように、ぼくは身体の大きさより何サイズか上のシャツを買ったから、詰め物の藁が抜けたかかしみたいな格好だった。でもドレスコード的には合格でも、コンピュータクラブに入ったことはなかった。

それでもマシンは導入され、ワシントン大学工学部の窓がないコンピュータラボは、大量の緑色のモニタが並んでいたので、コントロール室的なかっこいい雰囲気があった。ぼくはCS-135の授業を取り、それからCS-236の講義を取った。この後者、「2と36」とみんな呼んでいたけれど、これは45ドルの教科書購入が必要で、それはまったくの偶然でも何でもなく、計算機科学部の学部長が書いたものだった。教科書を書くほどの業績を持った教授陣がいる学校に通っているのを、ぼくは誇らしく思った。

いまだにその本のことは覚えている。硬い背表紙の本で、コンピュータでタイプしながら読もうとすると、バタンと閉じてしまう。この過剰に強力な製本は単に、出版社が本の中身から学生たちを守ろうとした結果なのだということは、知るよしもなかった。いったんタイプしながら、そいつを机の下に突っ込んで膝で押しつけるやり方を学んだところで、本当の問題が登場した。本の書きぶりは税制の法律まがいだったけれど、それ以上にプログラムの例題が何一つ動かないということだ。サンプルプログラムの一部はそもそもまちがっていたし、まちがいだらけでないやつですら走らなかった。キャンパスで動かせるマシンが一台もない、PL／1という異様な言語で書かれていたからだ。

その本でまともに機能する唯一のものは、著者が1部売れるごとに手にした15%の印税だった。学生たちは、陳腐化して、書き方も下手クソな高すぎる本を買わされていて、それは計算機科学部の学部長がぼくたちから数ドルむしり取れるようにするためだった。あまりに腹が立ったので、あの水で薄めた「タング」の味を思い出したほどだった。でも、こんどは家に駆け戻って泣くかわりに、自分で新しい教科書を書いて、将来の学生たちがぼくの苛立ちを避けられるようにしようと決めたのだった。

動機と目標はどちらもイカレていた。教科書を意趣晴らしに書くというだけでも変なのに、ずっとひどかったのは、本の主題についてぼくが何一つ知らなかったということだ。大学までコンピュータをプログラミングしたことはなかったし、工学部の学生ですらない。物書きとしての技能もなく、内容について経験も興味もなかった。教科書を書くなどというのは、学生がやることじゃないし、まして1年生がやることではない。さらに事態を悪化させることとして、ぼくはこの不合理な道のりの動機が、今後数年にわたりぼくの成績をつけることになる人物のまちがいを糺すことなのだ、と公然と認めていた。

それでもとにかく書いた。友人や先生の助けを借りて、一夏を図書館で過ごした結果、本はまとまった。自分が何を求めているかはズバリわかった。というのもぼくは相変わらず学生で、講義の一部がどれほどむずかしいか、痛いほどわかっていたからだ。2年生の初め頃に、計算機科学部の1年生だったらほしかったであろう教科書ができあがった。その本が当時の「普通の」教科書とは大ちがいだったから、プレンティスホール出版とワズワース出版という全米最大の教科書版元に注目された。ワズワース社の上級編集者が父の研究室に電話してこう言った。「マッケルビー教授、あなたのご著書を出版したいのですが」。パパは何が起きたか気がついて、平然と答えた。「たぶんお探しなのは別のマッケルビー教授だと思いますよ」

その本はCS-236の講義テキストになるくらいの出来で、ワズワース社はその後、次のやつを書いてくれと依頼してきた。2冊目は一瞬ベストセラーになった。[46] 1年生のガキが教科書を書いたという噂はキャンパス中に広まって、ぼくはコンピュータに詳しいヤツという、まったく分不相応な評判を得た。献身ぶりが実際の能力の代わりになるという最初の教訓だった。

最初の本を書いたのはイカレていたか？ ぼくがそれをやるのを見守っていた人たちは、まちがいなくそう思った。こっちは調査と執筆で忙しすぎたので、そんなのに大して注意を払わなかったけれど、でも確かに言い得て妙ではある。ぼくの狙いや動機がイカレてると思われても構わないか、少なくともこのレッテルを気にしないようにはなっている。

ぼくはイカレてると呼ばれたプロジェクトをたくさんやってきた。アーティストとして生計を立て、ガラス吹き工房を始めた。ソフトウェア、書籍印刷、屋根葺き、支払いの分野で会社を立ち上げた。全国的なプログラマ不足を解決するための非営利団体を立ち上げた。現在は人々が自分のオンラインアイデンティティを自分で管理できるようにしようとしている。こうした組織のどこに共通点があるのかはまるでわからない。ただ、その根底にあるのはぼく自身が気に掛けている問題なのだ。

46 これはおおむねタイミングがよかっただけだ。売上統計は、注文を数えるだけなので、ぼくの本はたまたまその月に大売れしただけだった。

何かを気に掛けるというのは、臆面なきエネルギー源だ。その問題は殺人、ハリケーン、自殺、フェイクニュース、何か別のものだったりする。そしてぼくはもはや怒りに突き動かされているようには感じないけれど、それでも毎日ぼくといっしょに、あの7歳だった少年の一部がいまだに出勤してきているのは認めよう。

第8章　どこでも起業家

スクエアがアマゾンの攻撃を生き延びてから、ぼくは他の生き残りにも会って、武勇伝をかわして、Tシャツでも作りたいなと思った。でも他に生き残りはだれも見つからなかった。アマゾンに会社を潰された人は何人か見つけたので、この本のためにインタビューさせてくれと頼んだけれど、みんなオフレコでしか話をしてくれなかった。戦いが終わってからも、だれもその話をしない。いくら頑張っても、Tシャツの最低オーダー枚数にすら到達できていない。

同輩がいてくれたらよかったけれど、昔からぼくが本当にほしかったのは、お兄さんかメンターだった。ぼくより前に同じ道を歩いた人だ。残念ながら、ガラス吹き兼エンジニア兼エコノミストのクラブ会員数は、ドレスコードはずいぶん緩いのに、かなり少ない。パターンの見つけ方を教えてくれた父親がいたのは幸運だった（パトロンの探し方は教えてもらえなかったが）。データを見れば、もっと大きな真実が見えてくるだろうか？

でもパパは科学者で、そのアドバイスの多くは研究室の外では使えなかった——あるいは伝説に言う城壁の外では。何やら異様な大惨事で手に汗をびっしょり握る状況になると、ぼくはいつも、パパならこの状況でどうするだろうか、と考えたものだった。そして答えはいつも同じだった。パパはそもそも、こんな状況にはならない！やがてぼくはメンター探しをやめて、とにかくユーモアのセンスを発達させることにした。

サバイバル技能のほとんどは、ママから学んだものだ。外交的で恐れ知らずのニューヨーカーだ。他の人にどう思われるかを完全に無視することがぼくが学ぶ前に彼女は死んだけれど、彼女は臆面のなさを教えてくれた。高校のある日、ぼくはガールフレンドとテレビを見ていた。その子のことをママは「装飾的」と評していたのだった。ママは何か言いに部屋に入ってきたのだけれど、そのときカーテンをゴキブリが登っているのに気がついた。一瞬のためらいもなく、ママはそのムシを素手でつかみ取りつつ、ぼくのガールフレンドとの会話をすませたのだった。つかまったゴキブリと、縮み上がったぼくのデート相手は、どっちも負けじと苦悶の身もだえを始め、その双方ともエディス・マッケルビーとの出会いを後悔した。どちらも二度とうちにはやってこなかった。ママは、ぼくの交際相手には一切口出ししなかったけれど、気に入らない娘を怖がらせて追い払うのは朝飯前だった。ママは異様な解決策の女王だった。

が、最終的に両親ともども、ぼくのたどる道は理解できなかった。だれもできなかった。ぼく自身を含め。もし本当にメンターを見つけられたら、まっ先にしたい質問はわかっていた。

何か秘訣はあったのか？　成功は繰り返せるのか、そもそも認識できるものなのか？　ぼくの各種成功ですらランダムに思えた。データにはまるでパターンが見えなかった。単にツイていただけだったのかも。

　みんなツキを十分に評価していない。こんな思考実験をしてほしい。成功というのを、コイン投げで10回連続して表を出すことだと定義しよう。一つの部屋に1000人集めて、コイン投げをやらせよう。だれかがこれに成功する確率は2^{10}[47]の逆数、あるいは1024回に1回だから、部屋の中のだれかはおそらくこれに成功する。でもこれが部屋の中でどんな具合に起こるか想像してほしい。6回投げた後で、ほとんど全員が裏をどこかで出してすでに退場している。そこで、まだ続いている数人のまわりに押し寄せる――7回投げたところで、8人ほどが残っているはずだ――そしてこの連中がどうやっているのかを突き止めようとするだろう。コインを投げている連中は、なんとか表を出してコンテストに残り続けようと必死だ。8回投げると、まわりに群がった連中は「秘訣は何だ？」と尋ね始める。9回目で統計的にはあと2人になり、片方はこんな説明をするかもしれない。「ああ、1回投げるごとに手を乾かして、表が出るのをイメージするんだ」。もう一人は、コインを投げる前に手をなるべくゆっくり下げるようにして、それでいつもうまく行くんだ、とか言う。

47　この10は傍注じゃありませんぜ。今のは2の10乗という意味だ。

頑張っているときにツキがめぐってくると、ツキは絶対にツキのようには思えない。成功した人々は自分のまめさ加減や知性のおかげだと言いたがる。でも単に10回続けて表を出しただけかもしれない。スクエアでやったことがもっと普遍的な教訓や、再現可能なものさえ明らかにしてくれるかも、と思っていた。でも尋ねるメンターもおらず、検討すべき他の事例もないぼくは、手を乾かして表が出るのをイメージしている男にすぎなかった。

スペインのベンチャー資本

そこへある日、宮殿のパーティにでかけた。宮殿の所有者たちは、かつては裕福だった旧家だが、その興隆ぶりは最後のかけらまで、この数世紀にわたり退化してしまったようだった。[48]今や彼らの主要な収入源は自分の古い家を、貴族版Airbnbみたいに貸し出すことだった。当時の彼らが許容するリスクというのは、赤ワインは許すというものだったけれど、じゅうたんも歴史的に重要なので、これはどうやらかなりの鷹揚さらしい。でも図書室での展示がはっきり示すように、かつてこの一家はベンチャー資本家一族だったのだ。それどころか、そのご先祖たちの遺物を調べるうちに、彼らが史上で最も大胆なベンチャーを支援したのだということがわかってきた。

その図書室で保存され、展示されていたのは、クリストファー・コロンブスからの本物の手紙だ。この未来の外洋提督は、この一家から自分のとんでもない計画のためにお金を引き出そうとしていたのだ。その計画とは、大西洋を西に帆走して横断し、インドにたどりつくことだ。そしてこの一族はそれに応えた！　彼らは出資者の一部だったのだ。驚愕したね。こうした手紙を見つつ、ぼくはコロンブスがそもそもこんなことを提案するだけで、どれほど苦労したかに驚かされた。ぼくはコロンブスの売り込み資料を見ていたのだ。そしてそれは、楽な売り込みではなかった。

ヨーロッパの王国はインドへの新しい経路を必要としていた。オスマン海軍は地中海の一線を強力に防衛していたから、ヨーロッパの東洋への通商ルートは限られていた。新しい通商ルートはすさまじい価値を持つのに、コロンブスが最初に売り込みをかけたポルトガルのジョアン二世は、そんなベンチャーにお金を出そうとはしなかった。カスティーリャのイザベル一世は、6年にわたりあーだこーだと難癖をつけた。だからこれだけ価値のある話だったからには、みんなコロンブスのやりたかったことが本当にできるのか、本気で疑問視していたにちがいない。

それでもコロンブスは、このイカレたことをやろうとすさまじい決意を抱いていた。みんなかつて、彼は世界が平らでないことを証明したんだと言っていた。でも今はもっと理解が進んでいる。当時の航海士たちはまちがいなく、世界が丸いのは知っていた。でもわからなかった

48　実はヨーロッパの王族だったので、近親婚のせいかもしれないね。

のは、それがどのくらい大きいかということだ。コロンブスは、目的地だと思っていたところへ帆走するのにどれだけかかるのか、本当にまったく見当もついていなかったし、そこで結局何が見つかるかもわかっていなかった。そんな旅行の計画をどう立てたものか？　荷物は何を持っていけば？　水夫たちだって、おそらくは命が惜しいだろうに、どうやって参加を説得しようか？

　コロンブスの売り込みを想像してみよう。「だれも帰ってきたことのない方向に、地図にない目的地目指して帆走しますよ。いつまでかかるか、何が見つかるかもわかりません。お金と船と、私がまちがっていたら死ぬ連中をよこしなさい」

　それがうまく行った！　コロンブスは船と船員を手に入れ、最終的には銀行全部が対応しきれないほど大儲けした。だれもコピーする相手はいなかったけれど、その行動は世界を変えた。[49] コロンブスは起業家だった！　ぼくが抱えていた問題はすべて、コロンブスの問題の小さいものでしかなかった。うちの従業員は健康保険が必要だった。彼の従業員はビタミンCが必要だった。うちの従業員は会議からぼくを閉め出そうとした。彼の従業員は彼を殺そうとした。

　そして突然、あまりに唐突だったので赤ワインをこぼしそうになったけれど、どうやってメンターを見つければいいか気がついた。昔を振り返ればいいんだ。起業家は珍しい。生きている連中は壮絶に忙しいから、おしゃべりする暇なんかない。でも死人に対する偏見さえ乗り越えれば、[50] メンター探しはずっと簡単になった。

多少のタイムトラベル

ぼくはキャリア中ずっと、メンターの探し場所をまちがえていたのではなく、探す時代をまちがえていたのだった。成功した起業家とそのイノベーションスタックは、世界に巨大なしるしを遺す。したがって、歴史を見ればそんなのはいくらでも出てくるはず。実際そうだった。ぼくは起業家を探すのに、他の事業を見ていた。でもそれは、都市から星を見ようとするようなものだった。塵や光害が多すぎて、ほんの少数しか見えない。[51] でも塵と都市の光から遠ざかれば、空は何百万もの鋭い光の点をあらわにしてくれる。

人間が記録しようとした出来事を考えてみよう。最も重要なものは年代記に記録され、その他すべては忘れられる。歴史は基本的に、書きとめられた選択バイアスだ。イノベーションスタックは珍しいけれど、起こるときにはすさまじい影響と寿命を持つ組織を作り出す。だったら、歴史書にその事例が山ほどあるのは当然だ。過去を振り返れば、起業家精神の事例が多すぎて圧倒されたほどだった。でも今や、何かデータがある！

もともと、スクエア社で起きたことはあまりに異例なので、ほとんど見るに値しないのかと

49 それが必ずしも良い方向に変えたと思わない人もいるだろう。

50 コロンブス自身もぼくと同様に、インスピレーションを過去に求めた。どこに行くにも、マルコ・ポーロ『東方見聞録』の１４８５年大量註釈版を持ち歩いていた。

51 ちゃうな、動いてる。ありゃ７３７だ。

思っていた。でも歴史を振り返ると、似た事例があまりに多くて、こっちのほうが当たり前に思えてきた。文字通り何千もの事例から選べるようになったので、ぼくもメンター選びでいろいろえり好みの余地が出てきた。多くのデータという余裕ができたから、きちんとした研究だってできる。パパなら誇りに思ってくれただろう。

主要な基準は、その業界があまりハイテクに関係ないということだった。ムーアの法則、ヴァイラルな成長など、ハイテク関連の現象は強力すぎて、データを歪めかねない。実のところ、イノベーションスタックを使っている大ハイテク企業はいろいろある。でもそれはハイテクのおかげなのか、スタックのおかげなのか？　イノベーションスタックが、どんな影響でも目立ってくるような「退屈」な産業に与える影響を研究するほうが筋が通っている。

望遠鏡を向けるべき星を三つ選ぶことにした。最初のやつがいちばん見つけにくい。別のスクエアを見つけたかった。アメリカの金融企業で、閉め出された人を包摂するためにアウトサイダーが創業したところがほしかった。この企業はうちとほとんど同じ道筋をたどるはずで、単にコンピュータがないだけとなる。その完璧な例は、サンフランシスコのスクエア本社から、徒歩でほんの10分ほどのところで見つかった——1世紀ほどの誤差はあるけど。

次の事例としては、世界で最もありきたりな産業を選びたかった。この産業は何千年も前からあるものがいい。そうすればあらゆるイノベーションは、表面化するのに何千年もかけられる。それと、世界中のほとんどの人が触れたことがあって、できるだけローテクな産業にしたかった。

最後の事例研究としては、考え得る最悪の産業がほしかった。これは無慈悲なまでの競争の激しい産業で、作り出したよりも破壊した富のほうが大きいものになる。チェスや囲碁の対局のように、万人がまったく同じ手駒を持っているから、どの企業も相手に対して技術的な優位性は持てない。そしてその業界はガチガチに規制されていて、創造性が抑圧されているときにすらイノベーションスタックの力を実証してくれる必要がある。

歴史の中でイノベーションスタックを見つけるむずかしさの一つは、やがてそれが独自の産業になるということだ。スタックの創始者は何十年にもわたりすさまじい優位性を享受できても、やがて他の企業がそれを真似る。実はだからこそ最初のメンター探しには本当に苦労したのだ。彼のイノベーションスタックは成功しすぎて、それはまさに産業そのものになってしまったのだった。

ということで、1世紀さかのぼって最初のメンター、A・P・ジャンニーニに会っていただこう。この人物は金融業界にあまりに大きな影を落としていたので、スクエアは実は最初からこの人物の影にいたのだった。

第9章　バンク・オブ・イタリー

イノベーションスタックの時代を超えた威力を示すため、ある銀行の話をしよう。そんじょそこらの銀行じゃない。あまりに強力なイノベーションスタックを創り出したので、世界最大の銀行になってしまったところだ。そうする過程で、この銀行は金融の世界を何億人にも開放し、アメリカ西部の大半を造り上げた。実は人々が今や銀行の常識だと思っているもの――支店、貯蓄、小切手、少額融資など――はもともと、1世紀前のイノベーションスタックの一部だったのだ。が、どう頑張ったところで、銀行の話なんて退屈なものに決まってる。

むしろ、あるスーパーヒーローの話をしよう。旅と冒険の物語。邪悪なギャング、殺人、スパイ、もちろん大都市の破壊もある。死と大混乱、もちろんあります！　ヒーローはハンサムで茶色い目をした巨漢で、声高だし、ときにはマントさえ着た。これは1800年代の人々は何ら恥じることなく、タイツ姿にならなくてもできたことだ。この物語はあまりに壮絶なので、本書の最初の草稿は劇画だったほどだ。[52] 残念ながら、電子書籍リーダーやオーディオブックでは、ニュース記事のインクの物語をきちんと再現しきれないので、こうした文字に戻す羽目になった。が、形式はどうあれ、歴史上で最もすごい銀行家に会っていただこう。

A・P・ジャンニーニ

1869年に、22歳のルイジ・ジャンニーニとその14歳の妻ヴァージニアは、新しい大陸横断鉄道でアメリカを横切ってカリフォルニア州サンノゼに到着した。二人の赤ん坊、アマデオ・ピエトロ（A・P）は1870年に生まれた。頑張る若い夫婦はホテルを経営し、やがて十分貯金をして、肥沃なサンタクララ峡谷に40エーカーの農場を買った。

ルイジはよい農夫で、ヴァージニアはよい経営者だった。農場は繁栄し、家族は増え、弟ができてもう一人も腹の中だった。でもある午後に畑から戻るとき、A・Pと父親の前に、怒った雇い人が立ちはだかった。6歳の息子の目の前で、ルイジは1ドルをめぐる争いで射殺された。若きスーパーヒーローは、金銭問題がいかに悲劇的になるかを、最悪の形で学んだわけだ。

今や21歳の彼の母親は農場を経営して息子3人を育てたが、やがて商品取引人ロレンゾ・ス

52　この劇画は jimmckelvey.com にある。お望みならダウンロードして、ポップコーンを持ってくれば、この章の残りは飛ばしてくれて大丈夫。

カテナと結婚した。商品取引は冷凍が発明されるまでスリリングな商売で、若きA・Pは夢中になった。15歳にして彼は義父の会社に入った。

A・Pの仕事ぶりは伝説的だった。夜明け前に起きて、他の人たちが遠すぎると考えた畑まで足を運び、そうした農夫が作物を市場に出すのを手伝った。ある日、A・Pは競合が自分を出し抜いて、川向こうの農場に向かっているのを見た。橋まで遠回りしたら競合が先に着いてしまう。そこでA・Pは馬をつなぎ、服を頭上にのせたまま川を泳いで渡った。乾いたままの競合が到着した頃には、A・Pと農夫はすでに契約をかわしていた。

川を泳いで渡るなんてイカレてるって? ぼくは2回、会議に遅れまいとして満席のフライトにしのびこんだことがある。[53] また運輸エンジニア学会との契約のためにストリップをして入り込んだこともある。[54] どちらの行動も正当化するつもりはない。単に、アーモンドか何かを買いに裸の男が川を泳ぎ渡るというのは、ぼくには十分に筋が通って思えるのだというのを指摘したいだけだ。

A・Pはぼくが昔から求めていたお兄さんだった。

スカテナ&サンズ社は西部最大の商品取引会社となった。31歳までにA・Pは一生遊んで暮らせるだけのお金が手に入ったので、引退してある銀行の経営理事になった。

だが1901年の銀行というのは今日の銀行とはちがう。銀行は中小事業者を無視し、必死の人々を高利貸しに追いやったり、完全に倒産させたりしていた。

A・Pは他の理事たちを説得してやり方を変えさせようとしたが、失敗した。頭にきて彼は理事会を辞めると、町の反対側にある友人が働く銀行まで走って行った。「銀行を使わない人たちのための銀行を作るぞ。ジャコモ、どうすればいいか教えてくれ」。A・Pはそれをバンク・オブ・イタリーと名付けた。

A・P・ジャンニーニの話を初めて聞いたとき、[55]正しい星を見つけたのはすぐにわかった。ぼくたちは選んだ都市まで同じだった。このガラス吹き職人とマッサージセラピスト[56]がクレジットカード処理機を立ち上げる150年前に、ここにいたのが銀行を立ち上げる商品取引人だ。ぼくたちの動機もほぼ同じだ。もっと多くの人を含めて、不公平な仕組みを正しいものにしたかった。もう一つの類似点は、自分が何をやっているかまったくわかっていなかったということだ。

仕組みから排除された人々のために正しいものにしようというぼくたちそれぞれの決断は、他のクレジットカード処理業者や銀行と袂を分かった瞬間だった。A・P的に言えば「小者」[57]

53 これは9・11テロ後に空港のセキュリティが厳しくなる以前のことだ。
54 詳細はjimmckelvey.comに載せておくけれど、写真はなしだ。
55 Gerald Nash. *A. P. Giannini and the Bank of America* (Norman: University of Oklahoma Press, 1992).
56 ジャック・ドーシーは正式な資格を持ったマッサージセラピストだ。
57 *Wild West*, October 2016, p.22.

に奉仕できる仕組みを作ろうとすることで、二人ともイノベーションスタックを創ることにしていたわけだ。比喩的には、ぼくたち三人とも城壁都市を後にした。でもA・Pは、文字通り燃えさかる都市に駆け戻ることになる。

大震災

1906年4月18日の午前5時12分に、運命の手がA・Pとその家族全員をベッドから投げ出した。サンフランシスコ大地震はカナダでも体感できるほどの強さだが、サンマテオのA・Pの家は無事だった。家族の安全を確認して、彼はすぐに着替えると、サンフランシスコに乗り込んで自分の危ういバンク・オブ・イタリーを確認しに行った。

当初、町は生き延びたように見えた。一部の建物は地震で倒れたけれど、大半の構造物は木造で、木造構造はレンガより耐震性がある。もちろん、木には確かに別の欠点があるのだけれど。うちの居間には、乾燥した木の束が、穴の開いたガス管と火の元の上にぶら下がっている。ぼくたちはこうした物体の集まりを「自動点火式暖炉」と呼ぶ。1906年にはそれが「サンフランシスコ市」と呼ばれていた。地下を走る脆いガス管は地震で壊れ、爆発性ガスのプリュームを木造建物の照明に使うランプのほうに送り出していた。町全体で、30ヶ所の火事が同時にあちこちで発生した。残酷な冗談として、ガス管を壊したのと同じ力が水道管も壊しており、住民による消火はまったく絶望的だった。サンフランシスコは炎上する。あとは時間の問題だった。

A・Pが到着したのは家を出てから5時間後の正午で、バンク・オブ・イタリーは開店していて無傷だった。町までの道中でいくつか火事は見ていて、それがどんどん町に入り込みつつあるのもわかっていた。でも分断されたのはガス管と水道管だけではなかった。町を支える文明機能の細い糸もへし折れていた。警察と消防隊は燃える都市への対応で手一杯だったので、炎より急速に無法状態が広がっていた。火事場泥棒の集団が暴れまわり、ちっぽけなバンク・オブ・イタリーには耐火金庫がなく、単に鍵のかかる箱とリボルバー拳銃が一丁だけだった。

A・Pは社員をスカテナ&サンズ社に遣わせて、商品馬車を2台調達した。銀行の黄金や記録をその馬車に載せ、お宝を野菜の下に隠して火事場泥棒たちにわからないようにした。日暮れまで待ってから、夜陰に乗じて馬を27キロ離れたA・P宅まで御していった。そして黄金を一家の暖炉の灰入れに隠しておいた。

やっとここに、起業家が親しみを感じられる人物が登場した。ぼくは火事場泥棒や燃えさかる都市に直面したことはないけれど、ご禁制CD-ROM4万枚をピケ線と検問を越えて巨大トラックで運んだことはある。このトラックはあまりに地上から高くジャッキアップされていて、本当にとんでもない様子だったので、やつらは後部ドアから中をのぞく気にならなかったのだ。でもわがメンターの物語は孤高の存在だ。後の「当行のお金は何週間もオレンジジュースのような匂いがした」というA・Pのコメントに到るまで。

地震の2日後、まだ煙が町の上をたなびいている中、サンフランシスコのあらゆる銀行の指導者たちが集まって、行動方針を選んだ。正確には、行動しない方針を選んだ――6ヶ月にわたり閉店することを決めたのだ。A・Pは激怒した。今こそ人々が、都市再建のためにお金や融資を必要としているのだ。他の銀行が恐怖に身をすくめている間に、A・Pとバンク・オブ・イタリーは、黄金入りの袋と帳簿を持って埠頭にでかけた。そしてサンフランシスコを再建したい人にならだれにでもお金を貸し始めた。

バンク・オブ・イタリーが構築したイノベーションスタックは、1世紀後にぼくたちがスクエアで創り出したものと不気味なほど似ている。ぼくたちは、システムを使いやすくして、だれにでも手が出せるものにするためにイノベーションを創り出した。急成長と口コミ広告を後押しするような新しい仕組みもあった。新しいリスクや保険の仕組みもあった。ルールの一部を変えるために、規制当局と戦って懇願しなければならなかった。何か見覚えがないか見てほしい。

バンク・オブ・イタリーのイノベーションスタック

1.「小者」に注目

A・Pは「我々の目的は、小口預金者と借り手の利益に専念する。我々は、どんなに少額だろうと貯金を定期的に預金してくれる賃金労働者や中小企業者を、当行にとって最も価値ある顧客と考える」[58]。でも多くの「中小ビジネスマン」はマン（男）ではなかったので、どうしても必要だったのが……。

2. 女性のための銀行

アメリカ合衆国憲法修正第19条が女性に参政権を与えてから、バンク・オブ・イタリーは全国初の女性向け銀行、女性銀行部門を開設した。これはサンフランシスコのパウウェル街にある、ジャンニーニの新しい銀行ビルの2階にあった。アメリカで初めて、女性は自前の口座にアクセスできて、夫に口出しされずに自分の財務を管理できるようになった。でもこうした新しい男女の顧客はきわめてケチだったから、どうしても必要になったのが……。

3. 低金利

後にスクエアがやるのと同様に、バンク・オブ・イタリーは手数料を同輩たちよりはるか下に設定した。競合銀行は金利12%だったのに、バンク・オブ・イタリーは7%だった。これは融資残高の激増を招くと同時に、預金者集めも必要となった。またこれは、もっと慎ましく責任ある顧客を集めることになった。A・P曰く、「10%だの12%だのを課し

58 Marquis James and Bessie R. James. *The Story of Bank of America: Biography of a Bank* (Washington, DC: Beard Books, 1954), p.64.

たら借り手を倒産させることになる。低金利のために戦う人物こそ、当行がお金を貸したい人物だ」[59]。でも低金利だと量を稼ぐ必要があるので、どうしても必要となるのが……。

4. 直販部隊

バンク・オブ・イタリーは、営業マンを戸別訪問させ、あらゆる結婚式、教会ピクニック、洗礼式、ご近所の社交イベントに送りこんだ。当時の銀行は積極的にサービスを売り込んだりはしなかったけれど、やるべきだったのかもしれない。というのもこれは大成功したからだ。直販部隊の威力は、後年になってバンク・オブ・イタリーが別の銀行を吸収したときに最もはっきりあらわれた。口座の数が1年で倍増したのだ。

でも営業マンは、人々がこちらの商品について聞いたことがあるほうが成果を挙げられるので、どうしても必要になったのが……。

5. 広告

当時他に広告を打つ銀行はなかったけれど、バンク・オブ・イタリーはその初年度から人々に訴えかけていた。ある広告はこんな具合だ。

1ドル——大したお金ではありません——でも預金する価値はあります。1ドルから預金口座が開けて、それが貴方の財産の始まりになるかも。この瞬間に1ドルお持ちなら、考えなしに使ってもよいのですが、当行においでいただいて預金してはいかが？ 他に預

金できる資金とあわせて利子を稼いでくれます。

小口預金者に広告しても、手持ちの少額資金で口座を開けなければ意味がないので、どうしても必要になったのは……。

6. 口座最低入金額の引き下げ

ほとんどの他の銀行は口座開設に1ドルよりかなり多くのお金が必要だった。バンク・オブ・イタリーは、だれでも口座を開きやすくした。少額預金者が増えると、銀行のリソースも増えた。でもそんなにたくさん少額の顧客がいると、開設手続きをすばやくする必要があったので、どうしても必要になったのが……。

7. 簡単な融資審査

バンク・オブ・イタリーの口座で必要な書類作業は、他の銀行よりはるかに単純だった。特に地震と火事の後では、ときには握手だけでよかった。ジャンニーニはときには、書類も信用審査もなしに知り合いに融資した。支店長たちは、ただの数字以外のものに基づいて融資する権限があった。その人物の人柄も考慮できる。でも親切な職員がいても、言っていることを理解してもらえないと話にならないので、どうしても必要

59 *The Story of Bank of America*, p.83.

になったのが……。

8. 多言語の窓口係

こうした新規顧客の多くは移民であまり英語がしゃべれなかった。バンク・オブ・イタリーには顧客の母語をしゃべれる窓口係がいた。でも鉄格子とガラスの向こうの人と話すのはむずかしい――それにおっかない――ので、どうしても必要になったのが……。

9. 開放型のフロアプラン

バンク・オブ・イタリーの支店の中は開放的で親しみやすかった。窓口係やマネージャーは、鉄格子の向こうにいたり、特別フロアに鎮座していたりはせず、すぐそこにいた。A・Pはいつも自分のデスクを銀行のいちばん前に出していた。親しみやすい場所でみんなが訪れたがったし、しょっちゅう来たから、どうしても必要になったのが……。

10. 開店時間の延長

バンク・オブ・イタリーは、人々の生活にあわせた開店時間にしていた。ほとんどの働く人々は、通常の銀行の開店時間には仕事をしているから、ジャンニーニは顧客のスケジュールにあわせた。バンク・オブ・イタリーが1907年8月1日に初の店舗を開店したとき、夕方にも日曜日にも開業していた。口座を持つ家族が実に多くなったので、彼らはほとんどの家族が持つ最も重要な資産を考慮せざるを得ず、提供がどうしても必要になったのが……。

11. 住宅ローン

バンク・オブ・イタリーは、それが当たり前になる以前から人々の住宅を抵当にお金を貸した。これは新規の住宅購入者に役立っただけでなく、不動産関連事業の建設業者から家具屋まで万人にとって有益で、そういう人もバンク・オブ・イタリーの顧客だった。住宅担保融資があまりに成功したので、じきに手を広げたのが……。

12. 自動車ローン

人々が豊かになると、自分の足がほしくなる。バンク・オブ・イタリーは自動車ローンを初めて開始し、さらにカーディーラーにも融資したので、需要をさらに後押しすることになった。自動車は担保価値のある資産だけれど、急速に減価償却するので、融資はほとんどが借り手の人柄に依存したものとなる。バンク・オブ・イタリーは、資産ではなく借り手を見て融資をする方法を編み出したので、そのために提供がどうしても必要になったのが……。

13. 割賦融資

銀行としては過激だったが、個人にとっては人生を一変させるものだった割賦融資で、人々は不測の事態になっても高利貸しに頼らずにすむことになった。これは大量の善意を作り出し、それがさらにバンク・オブ・イタリーの成長を後押ししたので、どうしても必要になったのが……。

14. 急速拡大

こうしたイノベーションすべての複合効果として、急速に拡大する必要が出てきた。バンク・オブ・イタリーはときに新しい銀行を作ったが、むしろ他の銀行を買収したがった。これで地元の知識とすぐに働ける人材とが手に入る。でもこんなにたくさん新しい銀行を追加したおかげで、彼らは最も強力な要素かもしれないものを開発せざるを得なかった。それが……。

15. 支店営業の銀行

特定地域につながった銀行業はリスクが大きい——その地域全体に大惨事がふりかかれば、不良債権の山ができる。一方、複数の地域で営業すると、すさまじい効率性が得られる。安定した地域は貯蓄過剰になり、成長地域は需要過剰だ。ある農業地域は不作で、別のところは豊作かもしれない。支店方式の銀行システムは、こうした力をバランスさせた。これは単一銀行ではできないことだし、巨大会社の金融的な力を最小の町にまでもたらした。

支店銀行方式はあまりに財務的に優れていたので、バンク・オブ・イタリーは狂ったように買収を続けた。町を見つけ、銀行を買収し、そして自社のイノベーションスタックを適用する。それだけの拡大の資金を得るため、作り出すのがどうしても必要だったのが……。

16・所有権の分散

この急成長は巨大資本を必要とした。バンク・オブ・イタリーは、ごくわずかな株式をたくさんの人に販売する方法の先鞭《せんべん》をつけて、従業員にも顧客にもインスピレーションと富を与えた。A・Pは、だれか個人や機関が数パーセント以上の株式を持ってはいけないと固執した。これは自分自身も含む。おかげで資金調達は面倒になったが、トラブル時に単一の強力な存在から銀行を守ることにもなった。A・Pが作った機関は「小者」に奉仕するだけでなく、小者に所有させる機関でもあった。従業員が会社の一部を所有するのがカッコよくなる1世紀も前に、バンク・オブ・イタリーは人々に自社の株式を販売していたのだった。それでその人々が助かっただけでなく、この銀行の支配権を奪おうとした敵対勢力からも、この仕組みのおかげで幾度となく救われたのだった。

わが初のメンター

今の16カ条の相互関連した要素が退屈なほど当然に思えたのなら、それはあなたが1世紀前に育ったのではないからだ。当時はこれは過激なイノベーションだった。安全に貯蓄できて必要に応じて融資にアクセスできるのは、人生を変えるし国を造り上げる。ジャンニーニは、だれでも銀行を使えるようにしたことで、無謀で過激だと思われ、他の銀行家たちに毛嫌いされた。たぶんマティーニをたしなみつつの会食の席で、直接そう告げた人もいただろう。

今日ではほとんどあらゆる銀行がバンク・オブ・イタリーを真似て、バンク・オブ・イタリーは後にバンク・オブ・アメリカになったという事実は、起業家精神と包摂の威力を物語るものだ。起業家の臆面のなさとこだわりは、やがて産業をあまりに完全に支配してしまうので、もはや戦いが存在しなくなってしまう。

でもだまされてはいけない。今や普通と思われているものの多くは、劇的な始まりを持っていた。A・P・ジャンニーニの最初のイノベーションスタックは、今やほとんどの銀行のモデルだ。「小者」のための銀行を提供しようという活動の中で、ジャンニーニは世界最大の銀行を構築した。実は大物よりは「小者」のほうがずっとたくさんいるのだ。最も小規模で貧しい顧客にうまく奉仕できるイノベーションスタックを構築すれば、巨大市場への独占アクセスが得られる。

ジャンニーニの体験は、何も知らない業界に飛び込もうという決断からして、うちのスクエアでの体験と驚くほど似ていた。どちらも選ばれた少数者に奉仕するよう設計された業界に入り込んだ。不正と臆病と濫用を目撃した。どうやってそれを直すか見当もつかなかった。でも部外者から見ても、いくつか基本的な問題はすぐにわかった。こちらのシステムは、それまで排除されていた人々を迎え入れ、さらには引き込まねばならない。だから反逆して作り直した。会ったこともないこの人物の人生に、スクエアで生き抜いてきたこのパターンが繰り返されているのを見たとき、すべて筋が通って思えた。生きている人々の間でメンターが見つからなかったのも筋が通っている。というのもどの時点だろうと、革新的で、同時に成功している人はほんの数人しかいないからだ（そしてそういう人のだれかとコーヒーデートを取り付けるなんて冗談でも無理だ）。この種のメンターが、世界を一変させるビジネスと同じくらい珍しいのも当然だ。そうした人のほとんどがぼくの人生の間に生きていないのも当然だ。ほとんどの人が成功するのは他の成功した人々を真似たからだ。でもぼくはちがう道をたどった。

ところが時代のレンズを逆転させれば、歴史書は成功した起業家の名前だらけだ。100年前に千人のイカレた人が何かを試したなら、成功した3人は知らぬ者のない存在となる。そして彼らは万人のために可能性を拓いてくれたので、みんなその人たちについてあれこれ書きたがる。それに、その連中は勝ち目のない戦いに勝ったので、お話としてもおもしろくなる。

どんな産業を見ても、このパターンは登場する。起業家が、市場のないところで旅を始める。その人物は一連の問題を解決せざるを得なくなって、それがイノベーションスタックになる。そのイノベーションスタックは、先行者利益とあいまって、さらに今後の章で論じるいくつかの手口ともあいまって、世界を変える企業を創り出す。

でも時代をさかのぼってみると、あまりにイノベーションスタックの事例が多すぎたので、ぼくは圧倒された。今やデータが少なすぎるどころか、多すぎる。問題はよい事例があまりに多い中からどれを選ぶか、というものになった。おかげで退屈な産業からのワクワクする例も選べるようになった。

何か対象を研究したければ、背景があまり派手でないほうがいい。あれこれドラマや爆発がないほうが、本当の影響が見やすくなる。そこで次の事例としては、歴史上で最も退屈な産業を検討してみよう。

第10章　蹴り出された少年

スクエアでの出来事は、今やあまり偶然とは思えなかった。A・P・ジャンニーニとバンク・オブ・イタリーの話を学んだので、やっと賢い兄貴を見つけた気分になった。スクエアとバンク・オブ・イタリーの類似性は、無視するにはあまりに露骨に思えた。でもぼくの研究にはまだ一つ深刻な問題があった。

すでに述べたように、前章の当初の草稿は劇画で、ジャンニーニはスーパーヒーロー役に見事に当てはまった。それがまさに問題だった。ジャンニーニはあまりにキャラが立ちすぎていて、あれほどの壮絶な結果を生み出したのはイノベーションスタックの力ではなく、この人物のやる気と創意工夫でしかなかったという可能性を否定しきれなかったのだ。これは実験室の外ではありがちな問題になる――結果を左右しかねない変数がありすぎるのだ。

イノベーションスタックの本当の威力を証明するためには、別のテストケースを見つけないと。今回は、特別な産業にして特別な起業家を見つける必要があった。全人類史から選べる立場だったので、作用しているイノベーションスタックは何百とあったから、意図的に最も波瀾に富まないものを探した。殺人もなし、炎上する都市もなし、マント姿のヒーローもなし。そしてもっと重要なこと。コンピュータもなし、ヴァイラルな成長もなし、ネットワーク効果もなし。

ハイテク産業はワクワクさせてくれるし、財産を作るには最高だけれど、データにはひどいことをしてくれる。どんな産業でも成功したハイテク企業を調べると、テクノロジー自体の影響を切り分けるのはむずかしい。だからこそぼくは、人々がグーグルの経営手法を真似ると笑ってしまうのだ。好きに使えるキャッシュフローが200億ドルあれば、経営ミスは何でも解決できてしまう。グーグルは世界最高の経営をしているかもしれないけれど、同社が自前で宇宙開発計画のお金を出せるという事実については、どうやって補正するの?

ぼくはワクワクするデータがほしかったので、つまらない産業を選んだ。類人猿が石器を発見して以来あった産業だ。文字より前からある産業なら、可能なイノベーションはすべて尽きているはずだ。世界中のあらゆる場所に何千もの競合他社がいて、舞台がまったく平板な産業を選んだ。あまりに「退屈」なので、イノベーションの見事な例になるような産業だ。

でもこの新たなテストケースでは、産業に負けず劣らず起業家当人も重要だった。またもやマント姿のヒーローは御免だった。その正反対がいい。内向的で引っ込み思案な人間がほしい。

喜んで城壁都市の内側にとどまっていたはずなのに、蹴り出されてしまった人物だ。この要求に完璧に当てはまるスウェーデン人の少年が見つかった。完璧すぎるくらいだった。ヒーローどころか、見つかったのは悪漢だったのだ。

17歳にして世界を変える企業を創始する1年前に、この少年はスウェーデンの親ナチ政党に加わった。後に彼は、この決断を熱烈に拒絶したけれど、ファシズムの恐怖と彼の関係のせいで、ぼくは一時、もっと嫌悪をもよおさない人物を探そうとした。最終的にこの物語を含めることにしたのは、起業家のヒーロー物語の事例としてではなく、恵まれない人々を助けようという動機がないかもしれない人物の手にかかっても、イノベーションスタックが強力な善をもたらせるということを実証するためだった。この物語を含めたのは、起業家のカリスマや博愛精神などのせいにできないような形でイノベーションスタックの威力が見られるからだ。

イケア

1943年のある日、17歳のスウェーデン人少年イングヴァル・カンプラードは、エルムタリッドという家族の農場から町まで自転車を漕いでいった。カンプラードは書類を埋めて、十クローナ札といっしょにアグナリッド市議会に送った。こうしてIkéa（イングヴァル・カンプラード、エルムタリッド、アグナリッドの頭文字）が生まれた——後にその綴りはＩＫＥＡ（イケア）に変わる。
カンプラードはまずマッチ箱を売り出した。おばさんに手伝ってもらって、百個入りの箱を88オーレで買い、そして起業家精神に富むカンプラードは、それを一つ2、3オーレで売るのだ。ティーン時代にイケアを作ってから、カンプラードは同社の初の大型商品、万年筆を売り歩き、列車でスウェーデン南部じゅうの中小商店を巡った。最初の数年で、同社はペン、クリスマスカード、額縁、ストッキング、種子などの小物を販売した。[60]
その後5年にわたり、カンプラードはほとんどのビジネスパーソンと同じことをした。競合他社を真似たのだ。こうしたコピーの成果は、イケアが通販事業になったということだった。顧客は書類を送り、その製造工場がそれを顧客に配送する。イケアの最大の通販競合グンナル製造社が家具販売を始めたので、イケアもそれを真似た。両社のカタログは実は商品がかなりかぶっていたので、結果は必然的に価格競争となった。

底辺への競争

たとえばメルビュー社のアイロン台は、グンナル社とイケアのどちらのカタログにも載っていた。イケアはこのアイロン台を23クローナで売り出したが、グンナル社もそれを、半クローナ安く提供した。イケアはそこで、値段を22クローナに下げ、そんな具合に底辺への競争が続いた。カンプラードはその様子を語っている。[61]

値段が下がっていくにつれ、アイロン台は簡素になり、質も悪化していきました。家具に対しても同様のことが起こっていました。苦情が日増しに増え、将来が危ぶまれました。通販業界は悪評につつまれ、イケアもこれを続けていては生存が難しくなっていました。根本的な問題は、通信販売ではお客は商品を触って見定めることができず、広告やカタログに掲載されている説明を信用するしかないということでした。消費者保護という考え方は当時まだ無きに等しいものだったので、業者が騙すこともできたのです。私たちは生きるか死ぬかの瀬戸際に立たされました。イケアが潰れるか、あるいはお客の信用を得ながらなおかつ商売になる新しい方法を見出すか、二つに一つでした。

これは生死を分ける脅威だった。両社のカタログは常に同じ商品について相手の価格を下回ろうとして、この仕組みから品質と利潤の両方が失われる。カンプラードには解決策が見えなかった。でもカンプラードの競合がこの問題の解決を手助けしてくれた。別に何か真似るもの

60 Ingvar Kamprad and Bertil Torekull. *Leading by Design: The IKEA Story* (New York: Harper Business, 2011), p. 47. 邦訳トーレクル『イケアの挑戦：創業者（イングヴァル・カンプラード）は語る』（ノルディック出版、2008）p.53 ただしマッチ箱のエピソードはない。

61 *Leading by Design*, p.52. 邦訳『イケアの挑戦』pp.59-60.

を与えてくれたのではない。そもそも真似ができないようにしてしまったのだ。カンプラードは、起業家になろうとしていた。

蹴り出され閉め出され

1950年から、他のスウェーデン家具販売業者からの圧力のせいで、イケアは家具メッセ（展示会）に出禁をくらった。家具メッセなんて、別に大したイベントではなさそうに思えるかもしれないけれど、売り手と買い手の双方にとって重要なものだ。新作を見せ、売り手とメーカーがつながる機会を与えてくれる。そして中心的な話として、一般にも開かれているのだ。そして、イケアが出展できなかったにとどまらず、カンプラード個人が、名指しで来場を禁じられた。彼は精一杯この裏をかこうとした。一度はじゅうたんの下に隠れて、イェーテボリの展示会のゲートをくぐり抜けたという。

ストックホルムで彼は、サンクトエーリックメッセ近くに場所を借りてイケアの家具を世間に展示した。この展示が大盛況となった。みんなご禁制の家具を持つ会社に興味を持ったのだ。たぶん入り口の行列で、ご禁制の本を読んでいるお客もいたことだろう。

この展示場所レンタルの成功に続いて、カンプラードは常設の展示場所を作り、一石二鳥の問題解決を狙った。自分の商品を展示することとその品質を証明する必要があった。カンプラードは人々に実際に家具を見てもらい、商品に実際に触れて比較し、お金を払って買う物をもっと理解してほしいと思った。そこで古いビルを買い、中をくりぬいて新しい窓をつけ、自社家具の常設展示場所を作った。

イケアの最初の家具専門カタログは、顧客にこの古い建物に来て自分の目で見てくれと招いていた。そして、みんな本当にやってきた——千人もの行列が1953年の開店初日にショールームの外に並んだのだった。カンプラードとその少人数の社員は、ビルの床が安手のアイロン台みたいに、客の重みで崩壊するのではと不安になったほどだった。だが床は持ちこたえたし、人々は訪れ続けた。初年度には何万人も、全国からやってきた。ついにアイロン台問題は解決された。カンプラードが後に回想したように、「これでやっと二種類の安いアイロン台を隣同士に並べ、五クローネ高い方の品質の違いを見せることができるようになったのです。そして私たちが望んでいた通りに、人々は賢明にもその値段は高いが質の良いアイロン台を選んでいったのです」[62]

だがカンプラードの競合は、攻撃をやめなかった。イケアとその所有者が展示会から閉め出されたにとどまらず、スウェーデンの家具販売業者たちはやがて手を組んで、イケアの供給業者ボイコットを開始した。「自由市場経済のスウェーデンで、私たちの安い価格に反発した家

62 *Leading by Design*, p.53. 邦訳『イケアの挑戦』p.61.

具小売業がボイコットを仕掛けてきたため、私たちはやむを得ずポーランドに進出しなければならなくなっていたのです」[63]とカンプラードは回想する。

こうした攻撃すべてのおかげで、慎ましいスウェーデン人は世界で最も成功した家具起業家となった。「企業の存在そのものが脅かされていると感じて、涙にくれた夜も幾度となくありました。それはまた、戦い、迂回の道を探す決意を高めてもくれたのです。新しい問題は目がくらむほどのチャンスを作りました。私たちが他の家具店と同じ家具を購入することができなくなった時、自分たちでデザインすることを余儀なくされました。それは新しいイケア独自のスタイルとなり、独自の世界を作り出しました。またお客に商品を確実に提供できるように、商品が品切れしないようにするために必要に迫られたことで、新しいチャンスが生まれ、私たちに新たな世界が開けることになったのです」[64]

こうして、出禁とボイコットに動かされ、イケアは家具業界を一変させるイノベーションスタックを創り出したのだった。

イケアのイノベーションスタック

1．カタログショールーム

他の起業家的な会社と同様、イケアは厳しい環境への対応としてイノベーションスタックを開発せざるを得なくなった。カンプラードは、イケアイノベーションスタックの鍵となる要素をこう説明した。

この瞬間に、現代のイケア理念の素地、後に、常に適用されるようになる原則の基礎が創られたのです。つまり、その第一の原則とは、人々を展示場へと惹きつける（現在はイケア店舗になっていますが）カタログを基本とする。……第二の原則は、人々がカタログを手に、広い建物内の中を歩きながら、インテリアや購入希望の商品を見て触ることができ、それから注文をして工場に発注するというものです。通販と家具デパートの二つが一つになったもので、私の知る限りでは、当時そういうビジネスアイデアはなく、誰も実行していませんでした。私たちが最初です。[65]

でも自国では家具を作れなかったから、どうしても必要になったのが……。

2. 外国製造

スウェーデン国内の工場はボイコットのせいでイケアに門前払いを喰わせたから、カンプラードは他のところに行くしかなかった。そこで工賃が低くて天然資源豊富な

63 *Leading by Design*, p.214. 邦訳『イケアの挑戦』p.287.
64 *Leading by Design*, p.84. 邦訳『イケアの挑戦』p.102 ただし英文引用との差のため一部改編。
65 *Leading by Design*. 邦訳『イケアの挑戦』p.61.

場所、ポーランドを選んだ。ポーランドの経済はひどい状況だったから、スウェーデン人労働者の数分の一の賃金ですばらしい労働者を雇えた。だがポーランドの工場は古くて品質問題があったから、どうしても必要になったのが……。

3. 効率的な工場

ポーランドの工場再設計は、品質問題を解決しただけでなく、効率性を上げて費用も下げた。工場はあまりに多くの家具を製造したので、その出荷量がすさまじくなった。だがポーランドからかさばる家具を出荷するのは非効率で高価だった。家具の梱包はほとんどが空気だからだ。そこでどうしても必要になったのが……。

4. 分解式家具

分解式家具は梱包の容積を節約して損傷も減らした。でもそれは、受けとり側で再組み立ての労働者を必要としたし、そうした労働者は追加の工賃が必要で、最終顧客向けにまた配送問題を創り出すだけだった。そこでどうしても必要になったのが……。

5. 自分で組み立てる家具

イケアは、顧客に自分で家具を組み立ててもらうことで、価格を抑えて時間と場所を節約しようと思いついた。でも分解式家具は顧客が組み立てるのはむずかしかった。そこでどうしても必要になったのが……。

6. カスタム設計

組み立てがむずかしい家具という問題を解決するため、イケアは自前の家具デザイナー職員を構築した。でもこうしたデザイナーは、最終組み立てプロセスを簡素化する以上のことをした。イケアの工場と直接やりとりして、カスタム化したポーランドの工場でも効率的に生産できるようにして、さらに費用を抑えた。そしてデザイナーたちはイケアの全製品ラインにまたがる形で原材料を最適化できたので、今や実現したのが……。

7. 互換パーツ

ネジは何千もの最終製品で使える。おかげで顧客の家具組み立ても楽になった。まったくちがう製品でも基本的なステップは同じだからだ。限られた部品に標準化することで、イケアは在庫を簡略化し、規模の経済を実現できた。でもイケアの出荷量はやがて、当初のポーランド工場の生産規模を上回ったから、どうしても必要になったのが……。

8. グローバルなサプライチェーン

イケアの成長と出荷量のおかげで、あるアイテムの生産に地球上で最適な場所を選べるようになった。この効率性はお金を節約し、一つの工場でこなす作業を簡略化した。一方でこれは在庫問題を創り出した。こうした商品はどこかに保管が必要だったからだ。そこでどうしても必要になった発明が……。

9. 倉庫兼ショールーム

分解式の組み立て式家具は実に空間効率がよかったので、イケアはそれを、ショールーム付属の倉庫に保管できた。おかげで輸送費が節約できたし、顧客はカスタム注文品を工場が配送するまで何ヶ月も待たなくても、自分の商品をすぐに手に入れられた。でもこれだけ成功したので、店舗があまりに大きくなってみんな迷子になっていたから、どうしても必要になったのが……。

10. くねる通路

イケアのデパートは、巧妙にくねる通路に沿う形で配置されている。おかげで店舗はあまり敷居の高いものではなくなり、顧客はいろいろ製品を見て回れる。人々は何時間も、ヘタをすると何日もかけてイケアまでやってきて買い物をする。だが今や人々の店舗滞留時間が延びたから、どうしても必要になったのが……。

11. 食べ物と託児所

イケアで丸一日買い物できるし、今や店を離れなくてすむ。ご飯を食べて、子供をボールのプールに放り込み、何千もの商品を見て回ろう。そのすべてについているのがイケアの……。

12. 低価格

イケアはこの積み重ねたイノベーションの効率性すべてを、低価格を通じて顧客と分かち合っている。人々はイケアブランドとそれが表す価値を知っているし、信じている。

家具をまっとうに

カンプラードは、すべてがどのように六角レンチ一本で組み合わさったのかについて説明している。

ミラノメッセで、ある大手の絨毯納入業者を訪れた時、目の覚めるようなアイデアが浮かびました。その人のおかげで私はイタリアの労働者や、サラリーマンといった庶民の人々の住宅を見ることができました。驚いたことに、そこで見たのは、暗い重い色調の家具の数々や、どっしりとした重いダイニングテーブルの上に小さな裸電球が一つだけぶら下がっていたりで、イタリアのメッセで出会うエレガントなインテリアとイタリアの多くの庶民の間にはかけ離れた現実があるということでした。

人間の頭の中で、いつ哲学が形成されるのかははっきりとはわかりません。決して私の先見性を誇張したくて言っているのではありませんが、ミラノで私は……「民主的なデザイン」という、その方向へ一押しされたのだと思います。これは、単にいいデザインというだけでなく、当初から機械生産に適応し、したがって安く生産できるデザインです。そういうデザインと、組み立て式のイノベーションで、工場と輸送で大金を節約しつつ、顧客に対する価格を抑えられるんです。[66]

カンプラードはやがて、自分なりのまっとうな家具市場のビジョンを、イケアのビジネスモットーへと蒸留させた。「デザインと機能に優れた家庭用家具製品を、幅広く、多くの人々に廉価で提供することである」[67]

というわけで、これがイノベーションスタックと、まっとうにしたいという欲求だ（政治はどうあれ）。でもぼくはイケアの利潤よりプロセスに興味があった。スクエアもイケアも、イノベーションの道をすぐに選んだわけじゃない。スクエアは、見つけられる限りクレジットカード業界のベストプラクティスを真似て回ろうとしたけれど、初日の半ばにその発想を放棄した。既存の仕組みでは、奉仕したかった人々に絶対に奉仕できないことがわかったからだ。イケアも、多くの点で他の家具店のようになろうとしたけれど、業界の展示会や工場から閉め出され、最後に故国からも追われた。

都市から蹴り出された17歳の少年は、史上最大の家具屋を作り上げた。イケアのイノベーションスタックは、イノベーションが世界で最も刺激のない産業ですら一変させられるという完璧な事例だ。イケアはとんでもなく成功した会社で、まちがいなくすさまじく儲けているが、儲けがずばりどれだけかはわかっていない。イケアは非公開企業だからだ。[68]

カンプラードという人物にも魅了された。それは今や改心して穏やかな人物で、多くの点でジャンニーニの真逆に思える。直接話を聞きたいと思ってイングヴァル・カンプラードに連絡を取ろうとした。残念ながら、本書のリサーチ中に彼は死んだ。

歴史的な事実群を理論にあてはめるのは簡単だ。だがその理論を、それを実体験した人物にぶつけてみるというのは話がまるで別だ。そこで最後の研究対象の業界としては、優れたデータだけでなく、その場にいた人物から学びたいと思った。

またも完璧な研究対象が見つかっただけでなく、その創業者はまだ生きていた。というか、まさに生き生きとしていたのだ。

---

66 *Leading by Design*. p.88. 邦訳『イケアの挑戦』p.108 ただし英訳にあわせて一部改編。
67 *Leading by Design*. p.172. 邦訳『イケアの挑戦』p.213.
68 というか、世界中に広がった何十もの企業群だ。

第11章　雲の神さま

「ジム！　ハーブ・ケレハーだがね」[69]

何ヶ月も、サウスウエスト航空の有名な元ＣＥＯに連絡をつけようとしていた。ハーブはメールなんかやらない。連絡を取ろうと、ダラスの彼のオフィスに連絡し、本書のプロジェクトを説明して電話番号を残し、待った。ハーブは日程を決めて人を招いたりしない。その声はあまりに強力だったから、今ので電話の保証が切れたと確信したほど。「サウスウエストの話が聞きたいって？　ダラスまでこいよ。話してやろう」。ハーブは電話会議もしない。

ぼくは映画スターにも、ノーベル賞受賞者にも、国家元首にも会ったことがあるけれど、そのだれよりもハーブに会うほうがワクワクした。彼が30年にわたり率いてきたサウスウエスト航空は、ぼくの理論の実験台として完璧だった。あらゆる会社がまるで区別のつかないスクラムに固まっているように思えるこの業界で、サウスウエスト航空は平然と因襲に反旗を（あるいは翼を）翻す。科学者に、起業家精神とイノベーションスタックの事例研究のための市場を選ばせたら、民間航空業界になるだろう。まさにこの業界があまりにひどいからだ。

でも話に当てはまるだろうか？アマゾンとの戦いが終わって3年間をデータ集めに費やしたけれど、実際にその場にいた人にそれをお披露目できたことはなかった。データ、特に歴史的データのいいところは、反論してくるような生きた人間がそこらにいないことだ。エイブラハム・リンカーンは本当にあの銀行を選んだだろうか？アルバート・アインシュタインは本当にあのヘアジェルを選んだだろうか？本当のところはわからない。歴史研究はすばらしいが、それも登場人物の一人に質問したくなったときまでの話だ。自分の理論が、実際に現場にいた人の検分に耐えられないのではと心配だった。

ハーブは伝説的な人物で、サウスウエスト航空で同社のダラス本社に向かうと、その伝説はさらにふくらむ。空港自体がハーブ・ケレハー通りにあるのだ。サウスウエスト航空のロビーに入ると、巨大モニタに同社の現在の定時運航成績が出ていたが、そこで奇妙なことに気がついた。アメリカ中央時間帯が、ここでは「ハーブ時間」と改名されているのだ。引退から10年たっても、ハーブは自前の時間帯を持っていて、本社に特別重役スイートを構えている。

サウスウエスト航空がいかにとんでもない創造物かを理解するには、サウスウエスト航空が

69　ハーブ・ケレハーの引用はすべて2017年2月2日の彼のダラスオフィス訪問時のものだ。

参入したときの航空産業がいかにひどい代物だったかをまず理解する必要がある。それは、単純明快に世界最悪の業界だった。ハーブは本当にウォートンビジネススクールの教授のやった研究を見たことがあった。その研究は、23年にわたり各種産業を研究した結果として、航空会社をドンケツにランク付けしたというものだった。[70] でも終身教授職を得ていない人物でも、航空産業の財務史が空中衝突よりも悲惨だというのはわかる。

ライト兄弟は、航空機の世界的な独占を持っていたのに航空業界では儲けられなかった。1903年から今日に到るバランスシートを見ると、人間はそもそも空を飛ぶべきではなかったのかも、と思ってしまうかもしれない。飛行機を空に飛ばし続けているのがどんな不可視の力であるにせよ、それはまちがいなく資本主義の見えざる手なんかではない。

この業界全体は一貫して損失しか計上していなかったのだけれど、1967年のある日、小さな航空会社がテキサスで起業した。そのサウスウエスト航空は、航空だけでなくビジネス面でも、何十年分の記録を打ち立てた。想像できる限り最悪の業界に参入し、長年無慈悲に攻撃を受けてもそれを大いに楽しんだ。ハーブの指導の下でサウスウエスト航空は低運賃、ご機嫌な顧客、最高の定時運航記録、最高の成長率、最高の利益を計上した。そしてハーブはそれを証明できる。

ハーブのオフィススイートは、記念品がところ狭しと並んでいるけれど、そこにひねりがある。正式のナントカ賞一つごとに、サウスウエスト航空従業員や顧客からの手作りギフトが一ダースもあるのだ。そのほとんどは、同社のロゴに敬意を表してハート型だ。この会社は従業員に愛されすぎていて、みんなボスに心からのハートを作って贈ったわけだ。こうした何百もの贈り物の中に立つのは、親しみを覚えると同時にビビるものがあり、まさにハーブ当人のようだった。ハーブは魅力的で楽しい人物だけれど、神さまめいたオーラも放っている。そのイメージは、何やら雲から下されるような深いバリトンで強まるばかり。その雲はハーブが自前で作り出すもので、絶え間ないクールブルー・メンソールタバコの煙だ。ぼくたちが話をはじめるにつれて、彼のオフィスの天井には、高い紫煙の渦が漂っていたのだった。

連邦航空会社保護制度

ぼくの最初の狙いは、なぜサウスウエスト航空が単に他の航空会社をコピーするだけですませなかったかを学ぶことだった。ハーブはこう説明してくれた。「航空会社は1938年に連邦規制を作り出して、競合から自衛したんだよ。そしてそれが大成功したんだ。1938年に売上のべ搭乗距離の9割を持っていた航空会社は、1978年にも売上のべ搭乗距離の9割を持っていたからね」

70 ハーブはこの教授に、航空会社が研究の計算よりさらにひどい部分をいくつか追加で指摘してやった。

だから連邦政府はイノベーションを禁じただけでなく、そもそも市場参入を禁止した。空への合法的な唯一の道は、法廷経由だった。ハーブは実は、もともと航空会社重役でもなかったしビジネスパーソンですらなかった。サウスウエスト航空の弁護士だったのだ。サウスウエスト航空が最初のフライトを実現するまでに、ハーブは4年にわたり、政府と航空会社相手に戦った。この戦いで両者はテキサス州の法廷から、連邦最高裁にまで出向いた。サウスウエスト航空がやっと勝利したとき、ハーブは涙を流して最初の飛行機にキスした。

この業界では、政府規制がコピーをほぼ強制していた。どのキャリアも政府規制の範囲内で飛ぶしかない。そしてその規制には変な副作用があった。イノベーションを阻害しただけでなく、本当に人々の考え方を変えてしまったのだ。

「ワシントンでは、金持ちや会社経費の人しか飛行機に乗りたがらないというコンセンサスが生まれつつあったんだ」。ぼくは唖然としすぎて、ほとんどあごが灰皿に落下しそうになったけれど、ハーブはおかまいなしに続けた。「本当だよ。今のはわざと言ったんだ。きみの表情を見たからね。最初に民間航空委員会の弁護士どもと訴訟沙汰になったときには、『こんな連中はだれも飛行機なんかに乗りたがりませんよ』とか言われて冗談かと思ったよ。ふーむ、もしリオグランデ峡谷からヒューストンのMDアンダーソン癌センターまで45分でお値段15ドルで行けるなら、たぶんステーションワゴンの後ろにマットレス敷いて6時間ドライブするよりそっちを選ぶと思うんだがなあ。連中がただのでまかせ言ってるんだと思ったんだが、みんな本気だったんだよ」

城壁の背後にずっと住んでいると、みんなその状況になじんでしまうだけでなく、城壁の向こうには何もないと思い込み始める。たとえば、あのボブが自分の店でクレジットカードを使えるようにしたり、銀行口座を持ったり、素敵な家具を持ったり、おばあちゃんを訪ねたりするはずがあるわけないよねえ？　**一般人が、金持ちしか持てないものを欲しがったりするわけがありませんよねえ？**

サウスウエスト航空はやがて、飛行機を飛ばす権利を勝ち取ったが、その勝利ではテキサス州上空の限られたルートだけしか飛べなかった。法的には相変わらず、他のキャリアのやっていることのほとんどはコピーさせてもらえなかった。サウスウエスト航空は城壁の外で生まれたのだった。

ハーブもそれを認めた。「コピーする気はなかった。オペレーションで同じことはやるだろうな。しょせんは飛行機を飛ばしているんだから。でも根本的には、レガシーキャリアのやったことは何一つしないと決めたんだ」。ユナイテッド航空の元副社長で、サウスウエスト航空のCEOを3年務めたハワード・パットナムは、自分がサウスウエスト航空でやった最高のことは「ユナイテッドで学んだことは何一つ導入しなかったこと」だと述べた。[71]

ということで、確かに臆面のなさはあった。サウスウエスト航空は、低価格航空を提供して他のキャリアはコピーしない。ハーブは、ぼくが起業家精神の最も根本的な要因だと見極めたものを裏付けてくれた。完璧な問題を解決するということだ。この場合、彼らは航空旅行の世界を万人に開放するのだ。ぼくは美しいメンソールの雲の上を漂っているような気分だった。

ハーブはぼくの理論を裏付けてくれただけでなく、各種の攻撃や戦いで同社が強くなったのを説明してくれた。サウスウエスト航空は、連邦規制や30回以上の行政および司法的な公聴会に立たされ、またそれ以外の大量の攻撃にも耐えていた。それらは：

- サウスウエスト航空を航空会社のクレジットカードシステムから排除
- 燃料補給口へのアクセスを阻害
- サウスウエスト航空の業者をボイコット
- 連邦規制を通じてサウスウエスト航空の航路を制限[72]

その攻撃はあまりにひどいもので、1975年にブラニフ・アンド・テキサスインターナショナルは、サウスウエスト航空を潰そうと陰謀を企てたことで起訴された。彼らは争わず、罰金10万ドルを支払った。最終的にはこうした攻撃はこの小さな航空会社をさらに強化しただけだった。

「攻撃されたのは私たちにはとても有益だったよ。戦闘精神が生まれたからな。来週にも倒産しかねないと思ったら、うちの連中は戦い始めたよ」とハーブは言う。つまり、全社員が会社の存続のために戦っているという事実は、イノベーションが栄える環境を作り出したということだ。結果として生じたイノベーションスタックは50年も持ちこたえた。

サウスウエスト航空のイノベーションスタック

1．最大限の航空機活用

ハーブはまず、サウスウエスト航空の中心的な洞察から始めた。「飛行機は空中にいればお金を稼ぐが、地上にいるときは稼がない」。これは当然に思えるかもしれないけれど、ほとんどの飛行機がどれほど多くの時間を地上で過ごすか一度考えてみてほしい。サウスウエスト航空は、もっとフライトを増やせばそれだけ会社が儲かるほうに賭けた。たとえば、サウスウエスト航空がそのゲートのそれぞれから平均で競合他社の2倍のフライトを送り出していた時点があった。どうやってそれを実現したんだろうか？

71　Kevin Freiberg and Jackie Freiberg. *Nuts!: Southwest Airlines' Crazy Recipe for Business and Personal Success* (New York: Crown, 1998). 邦訳フライバーグ他『破天荒！　サウスウエスト航空――驚愕の経営』（小幡照雄訳、日経BP、1997）

72　ライト修正条項はサウスウエスト航空が、ダラスのラブフィールド空港から隣接しない州に飛ぶのを禁止した。

2. 10分間で再出発

創業から数年後に、財務的な圧力のためサウスウエスト航空は手持ち4機のうち1機を売りに出さねばならなかった。するとすぐに問題に直面した。残り3機でどうやって運航を維持する？

このため同社は、他の航空会社が不可能だと考えたことをやった。飛行機を10分以下で再出発させるようになったのだ。飛行機がゲートに到着してから、乗客が降りて、荷物を降ろし、飛行機を清掃して給油し、次の乗客が搭乗するまで、すべて10分。おかげで同社は運航スケジュールを維持して、少ない機材でもっと多くを実現しただけでなく、サウスウエスト航空の定時運航パフォーマンスにも貢献した。それはじきに業界トップになった。それでも業界平均で1時間かかるところを10分で飛行機を再出発させるためには、さらなるイノベーションが必要だった。

3. 機材の標準化

飛行機を10分で離陸準備させるのは、F1のピットクルーでも頭痛ものだ。荷物を降ろし、荷物を積んで、便所を洗い、飛行機を洗い、備品を補充して、FAA（連邦航空局）が義務づける1ダースもの検査を実施。サウスウエスト航空はこうした作業を、たった一つの機材だけしか使わないことで単純化した。ボーイング737だ。他のキャリアは、平均で10種類のちがう機材を持っている。サウスウエスト航空の地上職員も荷物係もメンテナンス係も、737のことならヘルズ・エンジェルズ（バイカーギャング）が自分のハーレーを知るように隅々まで熟知している。

離陸準備のスピードだけでなく、機材一種類なので機材ごとに専門の訓練を必要とするパイロットや職員は、必要に応じて交替できる。サウスウエスト航空はあまりに737にこだわったので、ボーイングはサウスウエスト航空のニーズに応えるため、737の特別版の製造販売を開始したほどだ。ハーブはボーイングのCEOにこう告げた。『うちはちがう飛行機を飛ばす気はないぞ。同じ飛行機でシートを増やしたやつを飛ばしたいんだ』。航空史上でそんなことを言ったのは私が初めてだった」

4．まとめて搭乗

サウスウエスト航空の乗客は、ゲートに来るとプラスチック製の搭乗券を受けとり、先着順で搭乗する。色分けされた搭乗券のおかげで職員は、チケットではなく乗客を見て、フライトに歓迎できる。30人ずつまとめて搭乗させることで、搭乗時間も減った。他の航空会社は、王家の結婚式における座席表よりもややこしい階級ヒエラルキーに基づいて搭乗させる。これはうんざりするほど遅く非効率だ。サウスウエスト航空はみんなを平等に扱い、みんなをきちんと扱うことにした。

5．自由席方式

乗客は搭乗時に自分でシートを選ぶ。これは搭乗時間を減らし、予約を簡単にした。議論はあるものの、自由席方式は実はサウスウエスト航空の最も利幅の大きい乗客たちに好まれている――ギリギリでチケットを買うビジネス旅行者で、飛行機の前のシートにすわりたがる人たちだ。ハーブの説明だと「徹底的に調査したんだが、ちょっと驚いたことにビジネス客は座席指定を嫌がったんだ。いつも最後の最後でチケットを買うんだが、『いいシートは全部取られてる』と言うんだ」。でも自由席は、航空会社がだれがどこにすわるとかルールを課したら機能しないので、サウスウエストはイノベーションスタックに別の要素を加え、そうした差別をなくした。

6.単一クラス

サウスウエスト航空のフライトではみんな平等だ。サービスのクラスが一つだけなので、搭乗時間も減り、飛行機のシート数も増やせた。サウスウエスト航空の初期の成長は、まだコンピュータが広く使われる前のことだったから、この単純化の便益はさらに大きなものだった。他の航空会社は、人々を別々の行列だの、ラウンジだの、便所だの、ゲートだの、ドアだの、シートだのに仕分けするのにすさまじい手間暇をかけつつ、結局は全員を同じ金属の筒に詰め込んで、到着はみんな同時なのだ。

7.地方空港

飛行機が10分で再出発できても、その飛行機が離陸許可をもらうまで、地上で30分待たされるようでは意味がないし、着陸してゲートにたどりつくまでまた30分かかったらなおさらだ。だからサウスウエスト航空は、あまり混雑しない空港を選んだ。ニューヨーク市に飛びたい？ サウスウエスト航空はイスリップ空港に着く。ワシントンDC？ サウスウエスト航空はボルチモアに着陸して、鉄道駅まで無料バスを出す。サウスウエスト航空の使う空港の一部は、大空港より都心部にかえって近かったりした。ヒューストンのホビー空港やシカゴのミッドウェー空港だ。空中と地上での混雑を避けることで、サウスウエスト航空は定時運航ができたし、乗客にも便利だ。地方空港はまた着陸料も安かった。

8. 直行便

飛行機を飛ばし続けるという目標にこだわって、サウスウエスト航空はほとんどの航空会社が採用するハブ&スポーク戦略を拒絶して直行便にした。ハブ空港に飛んで、乗客を降ろして別の飛行機で最終目的地に行かせるのは、航空会社にはメリットがある。ルートが増えるのだ。でも飛行機は到着便と乗り換えの待ち時間が増え、ハブで悪天候による遅れが生じたらスケジュールがめちゃくちゃになる。さらに人々を二つの便に乗せるのは、直行便よりも高くつく。直行便にして飛行機を飛ばし続けることで、サウスウエスト航空は地上職員や預け入れ荷物係を忙しくさせ、飛行機と人間の両方の生産性を高めた。

9. 食事なし

サウスウエスト航空は、ほとんどの乗客にとってはマズい機内食なんて大して重要じゃないし、安い運賃や定時運航に比べたらどうでもいいのだと気がついた。サウスウエスト航空のフライトは平均で1時間だから、同社はピーナッツと飲み物だけ提供し、お客はそれでOKだった。早朝便では、ゲートでコンチネンタルブレックファストが提供された。これは添乗員たちにすさまじい時間を節約してくれる簡単な解決策だった。長時間フライトですら、サウスウエスト航空は仕組みを単純にとどめた。ハーブによると、「サンアントニオとロサンゼルス間のサービスを開始して、往復便の運賃を400ドル引き下げたんだ。記者会見である記者がこう尋ねたよ。『ずいぶん長いフライトですね――食事は出すんですか?』。だから言ってやったよ。『私の知る限り、400ドルあればロサンゼルスでかなりいいサンドイッチが買えるはずですが』とね」

10. 親切な職員

コン・エアー(連邦刑務所システムの最高警備航空機につけられた愛称)は例外かもしれないが、どんな航空会社も親切な職員を謳う。乗客のほうは、どの会社の職員も(コン・エアーも含め)五十歩百歩の接客だと思うだろう。でもサウスウェスト航空の職員は明らかにずっと親切だ。そもそも、同社は最高の人柄を持つ人物しか雇わない。将来の職務のために研修が必要でも、そういう人を選んで雇うのだ。もっと重要な点として、親切さは企業価値であり、経営陣は必死でそれを保存しようとする。そのためなら、ときには聞き分けのない顧客のほうをクビにしたりする。顧客や株主よりも職員のニーズを優先する企業文化のおかげで、サウスウエスト航空は元気になったし、もともと人柄のいい職員といっしょの飛行も目に見えて楽しくなる。

サウスウエスト航空は、他のどんな航空会社よりも、ヘタをすると他のどんな企業よりも、社員をしっかり支える。「ビジネススクールなんかでは批判されたよ。連中はナゾナゾを仕掛けようとするんだ。『だれを優先すべきか、従業員か、顧客か、株主か？』なんてな。私は言うんだ。待てよ、それはナゾナゾじゃないだろう、従業員優先に決まってるって」。ハーブは美しい紫煙でその論点を強調してみせてから続けた。「そんなむずかしい話じゃない。従業員優先だ。従業員の扱いをよくすると、職員は顧客をよく扱ってくれるし、顧客はまた使ってくれるし、株主はその結果に大喜びだ」。あなたは自分の上司にハートの贈り物を作ったことがあるか？

11. バカげたルールなし

他の航空会社が何十もの手管を弄して、乗客一人一人から最大限のお金をむしり取ろうとしていた時代にあって、サウスウエスト航空の運賃は筋が通っていた。他のキャリアは、往復チケットが片道よりも安いとか、経由便だと最初の目的地までだけの切符より安いとかいった、イカレた話を平気でしていた。サウスウエスト航空は、キャンセル時にはそのチケットの価値を温存させてくれさえする。

あるときハーブは、ゲート職員の一人が顧客を助けようとして、サウスウエスト航空のルールブックを首っ引きにしているところを見た。そこでハーブは文字通りルールブックを全社の前で燃やすことにした。「そのために儀式を執り行ったよ」とハーブは、かつて

1000ページのルールブックだった煙を楽しそうに回想した。「そのルールブックの代わりに、指導者たちのための指針を作った。その第一行は『忘れないこと。これはただの指針だから破っても全然かまわない』。1000ページのルールから、22個かそこらの指針に移行したんだ」

12. 独自の販売

サウスウエスト航空は、既存の発券システムには一度も参加していない。結果として、サウスウエスト航空に乗りたければ、サウスウエスト航空から航空券を買うしかない。これで航空会社も乗客もお金が節約できたし、やがて乗客たちは慣れてくると、旅行したいときにはまずサウスウエスト航空から探すようになった。

ハーブによると「航空券販売の世界流通システムに参加を拒んだ航空会社はうちだけだ。販売網を仕切られていたら、そいつらに会社を仕切られているも同然だと思うね。そして連中に依存するようになったら、この先どんどん手数料を上げられても、限度がないだろう！」

13. 低価格

それまで手の届かなかった人々に空の旅を可能にしようとする中で、サウスウエスト航空の最も重要な戦略は価格だった。特に開業当初はそうだ。同社は、「乗りたがらない」はずの人々みんなにとって、航空産業をまっとうなものにしたかった。やがて連邦政府ですらサウスウエスト航空が正しいのを認めざるを得なかった。1993年のアメリカ運輸省報告書[73]によれば、業界全体で航空運賃が下がっている最大の理由はサウスウエスト航空の低運賃だった。

サウスウエスト航空は、その最初の20年で航空業界を一変させた。他の航空会社がほぼすべて倒産した時期に、サウスウエスト航空は利益を出して成長を続けた。サウスウエスト航空の初期の業績に比肩するほど驚異的なのは、創業者たちは単に地域航空会社を始めたかっただけだ、という事実だ。イノベーションを強制されたのは、この新興企業に対して他の航空会社が一連の攻撃を仕掛けたからだ。訴訟、禁止令、価格戦争、法律、燃料ポンプ妨害。サウスウエスト航空は既存キャリアの事業方式を真似られなかったから、ちがう道を強いられた。

よってすべてが当てはまった。サウスウエスト航空は、最悪の業界で最も儲かる会社を作った。やっとレコーダーを切ったとき、ハーブの灰皿にはタバコの吸い殻が1ダースあった。でもハーブが最大の洞察を教えてくれたのは、正式なインタビューの終了後だった。そのすべてが実に楽しかったということだ！

73 R. Bennett and J. M. Craun (May 1993). "The Airline Deregulation Evolution Continues: The Southwest Effect. Office of Aviation Analysis." US Department of Transportation.

楽しい！

ハーブは、何か新しいことをするのがとにかく楽しいのだと思い出させてくれた。サウスウエスト航空のチームは、人々が旅する新しい方法を発明するのを大いに楽しんだ。貨物扱い担当からゲート職員、異様に親切な機内職員まで、サウスウエスト航空の文化には楽しさが染みこんでいる。同社はあらゆる従業員の誕生日や人生の出来事すべてをお祝いする。他の航空会社とはちがうし、社員はそのちがいが大好きだった。

楽しみはCEOまでずっと続いていた。ハーブは楽しい。それどころか、ぼくが見たよりもっと楽しいのだと主張した。昼食中にハーブは、自分が酒をまったく飲んでいないので本当に謝ったほどだ。人体の中で自己再生する臓器は肝臓だけだから、毎年1ヶ月禁酒して肝臓を再生させるのだそうな。そしてそれはいつも2月にやる。いちばん短い月だからだ。

楽しさは重要だ。飛行機に荷物を載せたり降ろしたりするのが仕事だとしよう。繰り返しばかりでつまらなそうに思えるって？　業界の他のみんなは、飛行機の荷物の積み降ろしに30分かける。あなたと仲間は、それを8分で終えるように雇われた。自分たちが失敗すれば、会社も潰れる。ときには機長や上司が滑走路まで来て手伝ってくれるし、ときにはあなたたちの手早さを感嘆して見ている。飛行機を作る会社でさえ、自分の仕事改善の提案に耳をかたむけてくれる。貨物扱いで英雄になるなんて、想像できるだろうか。

ハーブ配下のサウスウエスト航空は、会社のトップ以下全員にほめそやされる英雄たちの会社だった。ビジネスパーソンたちが、自分はいかに頑張って働くか、競争がいかに無慈悲か、他の連中がいかにあてにならないかを語るのはよく聞く。ハーブと話をしていると、何か新しいことをしているチームの一員となるのがどんなに楽しいかを思い出させてくれた。競合ではなく顧客に専念するようになると、ずっと楽しい！

昼飯後に、ハーブ・ケレハー通りを下ってサウスウエスト航空の離陸エリアにやってきた。6時間にわたるニコチン刺激で強化された発見で、頭がまだクラクラしていた。ぼくは人にサインを頼んだことなんかなかったけれど、この伝説相手なら機会を逃す手はない。でも書くものが何もなかった。ノートパッドは全ページが埋まっている。

そこでぼくは、ハーブの車中に放り投げられている、半ダースものクールメンソールの青い空き箱を一つ取って、サインしてくれと頼んだ。ハーブのサインはぼくの書斎で、パパの計算尺の隣に鎮座している。

インタビューから数週間後、再びダラス付近の市外局番からいきなり電話がかかってきた。「ジム、あのクールズの箱にサインしたときヘマをしたよ」。即座にぼくは、ハーブがこのオフィスで2番目に貴重な物体を破壊してほしいのかと思った。禁煙ポリコレの波が拡大して、ついにハーブ時間にまでたどりついたのか？「うん、あのときはあのボールペンしかなくてね。こんどダラスに戻ってきたら、黒のサインペンで新しいのにサインしてやるよ」。そう言う彼を取り巻く紫煙の雲が目に浮かぶようだった。

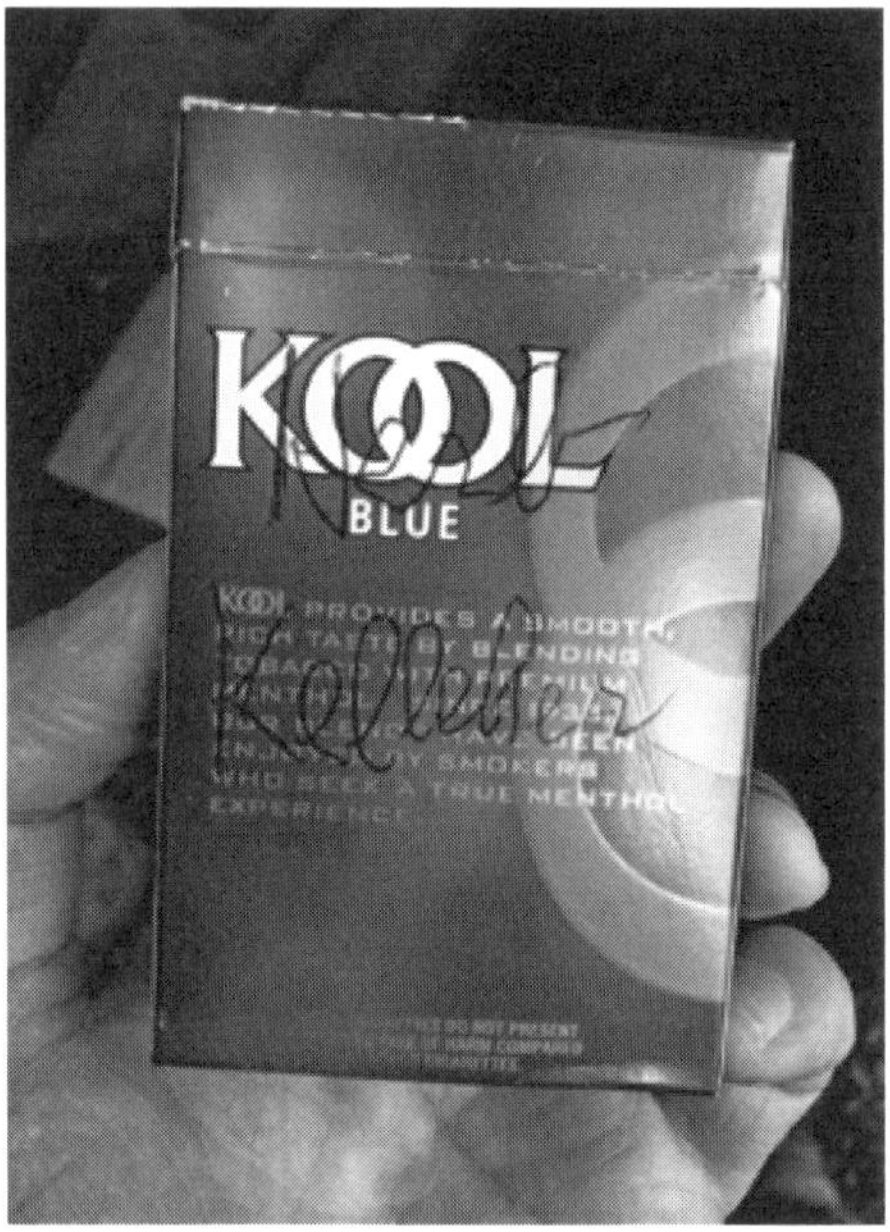

第12章　いつ

起業の成否にタイミングは影響するか？　もちろん。

とはいえ、ぼくはタイミングの師匠とは言えず、一生徒にすぎない。本章でのぼくの狙いは、この授業にあなたを歓迎して、講義ノートを少し共有することだ。すでに時間的な技芸の学徒であるなら、次の章に飛んでもらって、多少の、えーと時間を節約してもらっていい。

名人級ではないにしても、タイミングの理解はきわめて有益だったし、しかもぼくがその勉強を始めたのはかなり遅くになってからだった。30年にもわたり、文字通り何百もの授業を逃してから、イタリア人の老人がタイミング理解のやり方を、たった2語で教えてくれたのだった。

マエストロの教え

メンターがいなかったというぼくの嘆きは、ビジネス面では事実だ。でもアーティストとしてのキャリアではちがう。どんなガラス吹き職人にもメンターはいる。実はみんな同じメンターを持っている。リノ・タグリアピエトラだ。ガラス吹きはぼくが知る限り、最高の実務家について全員が意見が一致する唯一の職業だ。最高の会計士や遺体処理人や高利貸しがだれかは、だれも知らない。でも世界最高のガラス吹き職人はリノだ。

みんなこの名人から学ぶ。通常はリノの授業を受けただれかと会っただれかに会っただれかに会うことによって。この名人の授業は伝説的で、ハーバード大学学務課ですら驚くほどの入試プロセスまですごい。小論文問題まであるし、落選したときの痛みを和らげるためのTシャツ集まである。[74] 15年がかりで、ぼくもやっと入れた。

リノの講義は2週間で、その間にマエストロに対して一つだけ質問が許されていた。どの生徒も自分の質問を考え抜き、結果としてほとんどの質問は同じ形式になった。生徒はリノに何かガラスで不可能なことをやる方法を尋ね、マエストロがそれを実演してみせるのをみんな有頂天になって眺めるのだ。でもぼくの質問の日がきたら、他の生徒は一人もリノの答えに注目しなかった。というのもぼくの質問はあまりに基礎的で、みんなとっくに知っていたからだ。少なくとも、そう思った。ぼくは世界最高のガラス吹き職人に、ボウルに簡単な脚のつけ方を尋ねたのだ。

ボウルに脚をつけるのは複雑じゃない。あらゆる初心者クラスで基本的な技法は教える。キャリアのこの時点でぼくは、このプロセスを少なくとも1000回はやった。でもいつも不安だった。成功するときもあれば失敗するときもある。いろいろちがう技法も学び、ちがう道具も買ってみたけれど、一貫して成功するものがない。ときには脚がボウルを立派にてっぺんにのせてくれる。ときには、逃げようとする間に凍り付いたように見える。脚をつける必要ができるたびに、不安になった。そこで15年のストレスと失敗の挙げ句、手持ちの唯一の質問で、マエストロにその正しいやり方を尋ねたのだった。

ぼくは、他の生徒と同じやり方で答えがくると思っていた。適切な技法を実演してくれるのだろう、と。でもマエストロはそうはしなかった。リノはボウルを作れと言い、ぼくはすぐに従った。それから、脚を作れと言った。これは単に炉から取ってきた溶けたガラスの玉で、テニスボールくらいの塊にしたものだ。ぼくは脚を作った。そして彼は、脚をボウルにつけろと言った。でもちょうどぼくが熱い脚を冷えたボウルに落とそうとしたところで、彼は言った。待て。ぼくはそこで、ボウルを左手に、脚を右手に持ったまま、レッスンの後半に入るまで待ち続けた。今だ。今や少し冷えた脚を落とし込むと、それは完璧についた。ぼくは愕然とした。

74 いちばん人気があるものはあっさり「それがリノのやり方だからだよ」と書かれている。

期待していたのは「どうやって」のレッスンだったのに、リノが与えたのは「いつ」のレッスンだった。どうやっての部分は、ぼくはすでに知っていた――どうやっての部分は、15年も正しくやっていたのだ。ぼくの問題は「いつ」だった。熱すぎるガラスで形を作ったら、形はできても、すぐに崩れる。でもガラスが冷たすぎると、固くなりすぎてそもそもの形を作れな

ボウルに脚をつける

い。問題はタイミングであって、技法じゃない。

その晩スタジオを去るにあたり、これまでの人生で他の場所で、正しいことをまちがったときにやった各種の経験について思い巡らしていた。相手が聞く用意のできていないときに語ったときがどれほどあっただろうか？　正解を出すのが早すぎたり遅すぎたりしたことは？　人生で、何かのやり方はわかっていたのに、いつそれをやるか無視したことで生じた失敗の積み重ねが見えてきた。ぼくは「いつ」の学徒になることにした。

「いつ」を学ぶ

学校は「どうやって」を教える。コピーを学ぶときには、何がうまく行くかを習うけれど、常に「どうやって」が強調され「いつ」はおざなりだ。複雑な数学モデルの構築方法を学んだけれど、そういうモデルを提示するのが不適切なのはいつかについては一度も学ばなかった。論理的に論証する方法は学んだけれど、論理がだれかの機嫌を損ねかねない状況については一度も学ばなかった。契約法は学んだけれど、単に握手すればいいだけなのはいつか、一度も学ばなかった。

「どうやって」を強調したことで学校を非難するのも酷だろう。「いつ」を学ぶのはむずかしいからだ。ある作業をどうやって行うか見極めるには、その手順を何度も繰り返して、成功した結果が得られるようにすればいい。どうやって何かをやるか学んだら、正式な学習は通常はおしまいだ。そして、次のことをどうやってやるか学ぶ。

何かを「いつ」やるべきか学ぶのは、同じことをどうやってやるかを学ぶよりはるかにむずかしい。そもそも、「いつ」を学ぶ前に「どうやって」を学んでおく必要があるからというだけでも、それは当然だ。ある作業をどうやってやるかを学び、毎回それが正しくできるようにならないと。そして、やっとそれができてから、そうした作業を様々なときに行って、結果がいつやるかに応じて変わるかを調べられるようになる。

その作業が実験室でできるものでない限り、変数のすさまじい数だけで圧倒されてしまうだろう。初めて計量経済学の講義を取ったときに、これを目の当たりにさせられた。計量経済学は、熱心な若き経済学者たちが、なぜこの職業が陰気な科学と呼ばれているのかを学ぶところだ。基本的には、任意の歴史的データ集合を使い、将来の行動を予測できるようにする数学をしこたま学ぶのだ。ぼくは没頭して、未来を見通す力を与えてくれる予測技法1ダースものややこしい数学を学んだ。でもそれぞれの技法ごとにちがう将来の状態を予測してくれるものだから、本当の秘訣はいつどのツールを使うかを理解することだった。教授は講義の最後にやっと、だれも「いつ」は知らないのだと認めた。数学は見事に働いたけれど、経済学最高の頭ですら、こっちの技法ではなくあっちの技法を使うべきなのがいつかを見極められない。この講義の結果としてぼくが行った唯一の正確な予測は、もう計量経済学なんか勉強しないということとだった。

「いつ」を学び損ねるのは経済学者たちだけじゃない。タイミングを研究しようとする試みのほとんどは、あまりにややこしくなってしまう。絶望するなかれ。ここでの狙いは、完璧なタイミングの方程式を導くことではなく、機会が生まれたときに手助けしてくれるいくつかのパターンを認識できるようにすることだ。実際、起業家精神を持つ企業の研究の中で、いくつかのパターンが何度も繰り返し登場した。

時間を単純化

時間というものを、圧倒的に無限の期間的な選択肢として見るのではなく、単に「いつ始めようか?」と尋ねるほうが簡単だろう。この質問には、答えは実は二つしかない。今か、後でか。[75] しばしば正解は、今だ。きわめて似通ったプロジェクトだらけのこの世界で、スピードは大きな優位性になる。まっ先にイノベーションを創れば、経済学によると競合がそれを真似るまでしかそこから利益を得られない。そして、それまでにあまり時間がないと信じるべき理由は多い。同時に起こるイノベーションの歴史を見ると、たぶん別のだれかも同じことを思い

75 過去は、しばしば嘆かれるように、もはや有効な選択肢ではない。

ついているはずだと示唆されるので、ここでもまた見返りを得るのは先行者だ。

実は、「今」というのは多くの成功した人々がこの質問に答えるときのデフォルト正解だ。いつ始めようか?に対しては常に、「今!」と答えよう(そして、はいそうです、その答えには通常、感嘆符もついてきます)。みんな一番乗りになりたがるけれど、でも実はそれは、何の競争をしているかにもよるのだ。

最初の失敗

ヨーロッパの街路で競走をしているなら、どんな種類の競走かが重要だ。モナコのくねる道を走るF1のドライバーたちは、あまりに狭い街路をぬけるから追い越しの機会はほとんどない。ポールポジションの車が通常は優勝する。でも同じ街路を自転車で競走するなら、先頭の人はしばしば完走までに疲れ切ってしまい、勝利はスリップストリームで辛抱強く待った人のものになる。

起業家精神の世界では、一番乗りが最高とは限らない。これは、イノベーションスタックの一部の要素は相互に依存し合うからだ。決定的な要素が自分のコントロール外なら、待つのが最高の選択肢かもしれない。世界を変える技術を出すのが早すぎることだってあるのだ。

最初のソーシャルネットワークは何でしょうか?ブブーッ。最初は1995年のジオシティーズだった。次に2002年にフレンドスターがきて、もっと成功した。するとマイスペースが2003年からフレンドスターを追い出した。最後にフェイスブックが制圧した。

なぜ今のみんなは、ジオチャットでつながっていないんだろうか？　答えの一部は、ジオシティーズ、フレンドスター、マイスペースはみんな、モバイルコンピューティングが一般化する前に始まったということだ。システムへの常時アクセスがないと、ソーシャルネットワークの魅力は下がるし、ケータイ以前には人はいつもカメラを持ち歩いたりはしなかった。

モバイルデバイスが普遍化するのを予測できなかったジオシティーズ、フレンドスター、マイスペースはダメだったと言うべきだろうか？　どの会社も当時はOKだったけれど、フェイスブックのタイミングはすばらしかった。フェイスブックはモバイルが爆発したときに、イノベーションスタックに1ダースもの要素を用意してあったし、モバイルの世界でインスタグラムに負けそうになったらすぐに買収した。

早すぎることだってあるのだ。ここで問題。18番目に登場した検索エンジンは何だったでしょう？　今すぐ答えて。[76]

76　ググってみたら？

欠けた要素

ときどき、イノベーションスタックの鍵となる要素が欠けていることもある。ライドシェアの市場が絶好の例だ。ライドシェアリングの発想は、少なくとも40年前からあった。初めてライドシェアを使ったのは1986年のレニングラードで、大量のぶかぶかストーンウォッシュジーンズを強引に物々交換しつつ、ソ連を旅行していたときのことだった。[77] やがてレニングラードの住民たちは、一人しか乗っていないあらゆる車両を潜在的なタクシーと見なすのだと学んだ。運転手だけの車ならすべて呼び止めて、町の中を動く輸送を手配してもらえる。

すばらしい仕組みだ！まだ他に乗客がいない車は、道端で手を挙げている人ならだれでも、まったく見知らぬ人物を拾ってくれる。移動は安く、豊富で、安全だった。

安全が鍵だった。ライドシェアで最悪なのが、見知らぬ人の車に乗ったり、見知らぬ人物を車に乗せたりすることだ。ぼくが若い頃のライドシェアは「ヒッチハイク」と呼ばれていて、子供はみんなそれが運転手にとっても乗客にとっても危険だと教わった。

ソ連にはいろいろ問題があったけれど、暴力犯罪はなかった。ソ連で自動車を持っていたら、政府には身元が割れているし、それを当人も知っている。ソ連政府は人々についてあまりに知っていたから、みんな安全に感じて、ライドシェアもうまく行った。でもそこでしかうまく行かない。

たぶん、こんな仕組みをアメリカに持ってきたらすばらしいと気がついた人は何千人もいただろう。でも数十年にわたりタイミングがまずかった。アメリカでのライドシェアは、安全の問題を解決するまでは不可能だった。身元を確認し、移動する地図があり、知らない人の採点システムを持ち、キャッシュレス支払いのできる携帯電話を待つしかなかった。30年たって、やっとアメリカでもライドシェアリングが使えるようになった。ちなみに運転手の多くはここでもロシア語をしゃべる。

欠けた要素はイノベーションスタックを台無しにしかねない。ライドシェアでは、欠けたイノベーションは安全の部分だった。必要な要素が欠けていれば、イノベーションスタックの他の要素がどんなにすごくても関係なくて、イノベーションを待つしかない。スクエアのイノベーションスタックは、初年度には欠けた要素があって、それを初日に発見した。クレジットカードのネットワークは、ぼくたちのやることを明示的に禁止する規定を持っていたのだ。第3章で描いた、マスターカードが規定改正に同意してくれた瞬間こそが、スクエア誕生の決定的な瞬間だった。あの規定改正がなければ、ぼくたちがやっていた他の何十もの作業は無意味だった。でも、その間にぼくたちは手をこまねいていたわけじゃない。

77 ぼくが知っていた唯一のロシア語を翻訳すると「そのジーンズ30本は個人使用のものです」となる。

待つ方法

自分のイノベーションスタックのある要素の準備が整うのを辛抱強く待っているなら、その間にできることはあるだろうか？ ある。待つという決断は、将来のどこかの時点で動かねばならないということだから、やることはいくらでもある。イノベーションスタックの他の部分に取り組んで、最終的な要素が登場したときには、すべて準備万端にしておくのだ。これはリスクが高い。

たとえば、マスターカードとVISAが規定を変えてくれるという保証はなかった。同意してくれるまでの1年間に、イノベーションスタックの他の要素に取り組んで、最後の一片がいつかは実現すると期待し続けた。これはギャンブルだった。というのもカードネットワークがこちらの言い分を理解してくれる保証はなかったからだ。スクエアでは、そのときが訪れるまでみんな熱にうかされたように働いた。それが訪れたときには、スタックは準備万端で、賭けは報われた。

もちろん、決定的な要素が欠けているときの残りのイノベーションスタック構築は、その欠けている要素が自分の運営にどれだけ決定的かにもよる。スクエアが当初はその17の規定や規制に違反してシステムを構築しても、ぼくはかまわなかったと思う。スクエアで何かまずいことになったら、システムを止めて、損をした人みんなにジャックとぼくが返金すればいい。立ち上げの認可を得るまでに数千ドルくらい動かすのは、サウスウエスト航空でハーブたちが直面した状況とはまったくちがっていた。

サウスウエスト航空は、連邦政府の許可なしには飛行機を滑走路に持っていくことさえできなかったから、待つしかなかった。本当の乗客、本当の貨物、本当の飛行機がないと、10分で再出発できるよう地上職員を訓練するのもほぼ不可能だ。サウスウエスト航空は、勝手に飛行機を飛ばして規制当局の理解を期待するわけにはいかなかった。

でも一般的には、イノベーションスタックの各種要素を早めに構築できたら、そうした要素がお互いになじんで発展する時間も増える。ある要素を待っているからといって、他の要素すべてが阻害されるわけじゃない。もちろん、これはリスクが高い。でもぼくが研究した起業家たちのほとんどは、不穏な気持ちになってもこの同じ種類のリスクを冒している。

正しいタイミングは早すぎるように感じられる

A・P・ジャンニーニの台詞でいちばんのお気に入りは、弁護士に対する彼の告白だった。「これはできませんと言われると、本当にうんざりして気分が悪くなる。自分が正しいとわかっていてそれを説明できるなら、私はさっさとやって、冒険してみる」。[78]この引用は、ぼくが出会って研究したほとんどの起業家たちの態度をよく表している。先に進むときに不確実性を喜んで受け入れる意欲だ。

では、それはどんな気分だろうか？　うん、ぼくの場合には、かなり不安になる。スクエアでの初年度の終わり近く、あれこれ未解決の問題について、ぼくは本当に「軽い」パニック発作を起こすようになった。自分が心臓発作を起こしたと思って、車を停めて薬局に駆け込み、アスピリンを一びん買ったのを覚えている。正しいタイミングは早すぎるように感じられる。たぶんタイミングが正しいように感じられたら、もう手遅れだ。第6章で学んだように、人間が正しいタイミングだと感じるのは、群れの残りと同期しているときだ。だからイノベーションが正しく思えるなら、同じアイデアを持った他の百人にとっても正しいと思えるはずだ。早すぎるように感じたら、ぼくの経験からすると、城壁都市から脱出する好機だ。未知の物がいつやってくるかを知る方法はないけれど、たぶん思っているより早くやってくるぞ。

可能性の地平線

世界というのを、一連の独立したイノベーションスタックだと考えてほしい。だれかの新発明は、あなたのイノベーションスタックで欠けている要素かもしれない。毎日新しいツールが登場する。ぼくはこれを、「可能性の地平線」と呼ぶ。目に入るもののすぐ向こうで、ぼくたちの大義を助けてくれることが起きているのだ。

たとえば携帯電話は他のイノベーションを可能にした。ジャックとぼくがスクエアを立ち上げたとき、わかっていた唯一のことは、モバイル技術がすべてを変えるということだった。だから会社で何をするかも決まらないうちに、ｉＰｈｏｎｅのプログラマを雇った。

言い換えると、２００９年の時点でぼくたちは、まだ起きてもいないモバイル技術が世界を変えるほうに賭けた。その変化がどんなものになるか見当もつかなかったけれど、可能な限りそれに備え、いろいろ新しい発明を必要とする問題に取り組んだ。そうした発明の一部は自分たちでやったけれど、ほとんどはやはり適応して進化する世界からきた。

変化とイノベーションはますます加速している。いったんある変化速度に慣れてしまったら、もう考えが遅すぎるということだ。こうした変化のほとんどはぼくたちが理解も制御もできないものだけれど、すべてがそうとは限らない。

78 *The Saturday Evening Post*, December 4, 1947, p.133.

イノベーションスタック駆動の変化

起業的な会社の行動は、本当に変化を駆動できるし、ときにはそれが欠けている要素をもたらしてくれる。言い換えると、飛び跳ねているうちに翼が生えることもあるということだ。

スクエアの場合、でっかい欠けた要素は、カードネットワークからのお許しだった。ぼくたちは積極的にこの変化を求めた。それを後押ししたのは、合法ではないけれど、完全に機能するシステムだった。そのシステムができていなければ、マスターカードとＶＩＳＡは規定をわざわざ書き換えたりはしなかっただろう。改正したとしても、相変わらずスクエアがそのままでは機能しないような形の改正になったかもしれない。うちのシステムは、彼らに目安を与えた。

マスターカードがいったん規定の改正に合意したら、両者の会話の論調は基本的に「スクエアはいいねえ、どうやってそれを準拠させようか」というものになった。

全米トップの航空会社へと上り詰めるサウスウエスト航空の成長で決定的だった出来事は、サウスウエスト航空が空を飛び始めて7年後に起きたものだった。ハーブによると『サウスウエスト航空はこれまでの成果のおかげで、連邦規制緩和の焦点になったんだ。ケネディ上院議員が電話してきて『なんだってダラスからヒューストンに飛ぶのより、ボストンからニューヨークに飛ぶほうがすさまじく高いんだね』と尋ねた。だからこっちは『連邦政府に規制されてないからですよ』と答えたんだ」。テキサス州だけの航空会社だったサウスウエスト航空は、連邦の価格統制を受けなかった。価格も速度もサービスも目に見えてよかったサウスウエスト航空は、航空路線の規制緩和支持でケネディ上院議員の挙げた最大の事例となった。言い換えると、サウスウエスト航空のイノベーションスタックは、追加の要素を自前で生み出した。それはサウスウエスト航空が、全米最大の航空会社となれるようにする要素なのだった……もしそれに間に合うほど急成長できるのであれば。

準備万端

タイミングの重要な部分は、欠けている要素がいきなり登場したときに、準備ができていることだ。以下のパターンを何十という起業的な会社で見かけてきた。イノベーションスタックが機能し始めたとき、世界が急変するが、イノベーションスタックは発展途上なので、その会社は他の企業がその新しいエコシステムに適応するより早く、すぐにその新世界を活用できるのだ。

1978年の規制緩和にあたり、サウスウエスト航空はすでに小さな地域航空会社として乗客を7年飛ばし続けていた。でも航空会社と規制当局との初期の戦いのおかげで、サウスウエスト航空のフライト、航空機、財務、値づけ、職員、パイロット、乗客、その他何十ものイノベーションスタックにおける積み木が、規制緩和以前から準備万端だった。変化がやってきたら、サウススウエスト航空はすでに空で五百ノット（時速900キロ）の速度を出しており、この新世界の準備ができている唯一の会社となった。喜ぶ顧客、低運賃、定時運航、高い安全性をテキサス州内では実現するイノベーションスタックを構築していた。今やそのすべてをスケールアップすればよかった。同じく重要なのはサウススウエスト航空の文化で、これはすばやい適応に慣れていた。

バンク・オブ・アメリカは、規制緩和の準備万端で、A・P・ジャンニーニから見ればその緩和は遅すぎるくらいだった。彼の銀行は十分に開発されたイノベーションスタックをカリフォルニア州で持っていて、個人や中小企業のニーズを満たしつつ収益を上げられた。でも支店営業や州をまたがる銀行業の双方を禁止する州や連邦法のおかげで成長できなかった。A・Pはこうした障壁を取りのぞくために政治に没頭し、それぞれの障壁が消えるときはいつも、バンク・オブ・アメリカも準備万端だった。

スティーブ・ジョブズが再び世界を驚かせたとき、スクエアのぼくたちはすでにイノベーションスタックを稼働させていた。何がくるのかまったく知らなかった。唯一知っていたのは、アップルが安全で窓のない部屋を作らせ、えらくおっかない言葉づかいの法的文書にいろいろ署名させたということだけだ。うちの即席要塞を検分しにチームがやってきて、後で持ってくるものすべてを鎖でつないでおけるか確認した。その部屋にはスクエア社でも6人しか入室を許されず、その中で行われたかもしれない何かの話はいまだに禁止されている。

でも世間が知っているのは、スティーブ・ジョブズが世界に初のiPadを見せたとき、金融アプリはスクエアしか載っていなかったということだ。その最初の製品が今日うちの旗艦製品となり、会社丸ごと運営するためのエコシステムの要になっている。iPadのおかげでスクエアはまったく新しい売り手のエコシステムを作れたけれど、そんなものはまったく予想もしていなかった。

これが爆発的成長のパターンだ。起業的な会社が機能するイノベーションを持っているところへ外部の市場変化が起きる。その新しい変化はイノベーションスタックをターボブーストし、それがすぐに適応して新しいシナジーを作り出す。相互作用がどう機能するか厳密にモデル化はできなくても、パターンはわかる。また世界を変える結果も見えるし、新しい時間的な主《あるじ》の圧力も感じる。

成長するとき

「いつ」への答えが常に「今!」なときがある。いったんイノベーションスタックが完成し、市場を新規顧客へと広げているなら、成長のときだ。それも急成長の!

スクエアの場合、いったんイノベーションスタックが機能し始めたら、応えるべきさまじい需要ができた。ありがたいことに、うちのイノベーションのほとんどは、速度と成長に向けて会社を最適化していたから、顧客数ゼロから200万に移行するにも時空間連続体を歪める必要はなかった。それがストレスなしだったというのではないよ――どう見ても、毎月規模が倍増する会社は圧力鍋も同然だ。でも本当に、他に選択肢はない。市場需要に応えるために成長するか、あるいはすべてを失うかだ。

超高速で動いている市場でイノベーションスタックを持つ会社に取って代わるのはとてもむずかしい。アマゾンがスクエアを真似ようとしたときでも、アマゾン顧客になるよりはスクエア顧客になるほうが容易だった。言い換えると、中に入りたくて入り口の外に大行列を作っている人々はいなかったということだ。

長い待ち行列の危険性

待ち行列が長くなりすぎたらご用心。イノベーションスタックは、無視した市場であなたの会社を守ってはくれない。正反対だ――イノベーションスタックが成功したら、真似っこ企業がそのスタックを使って、無視している市場にそれをあてはめる強いインセンティブが生じる。競合たる元の会社がいないから、それが成功しかねない。

スクエアの場合、スウェーデンのiZettleという会社が、スクエアのイノベーションスタックをありったけコピーして、いくつか独自の要素を追加した。うちはアメリカ国外では何も製品がなかったから。この会社は市場を独占して、飛行に成功した真似っこ企業となった。

サウスウエスト航空の場合、それはブルックリン橋を横切る巨大な待ち行列を作り出した。サウスウエスト航空のニューヨーク最寄り空港は、はるかロングアイランドのイスリップ空港だった。そしてアメリカで最も忙しい旅客市場が格安航空会社の恩恵を受けるのを31年にわたり待たせた。その間に、ジェットブルーはJFK空港で発着スロットを75個獲得し、10年にわたり市場を独占して、その間に独自のイノベーションスタックを構築した。ジェットブルーは、ハーブ在職中に創業して生き残った唯一のサウスウエスト航空の競合だ。ある面では、ジェットブルーが今や格安航空旅行の主導権を握るようになった。これは第15章の値づけの話で見よう。

世界最高の計量経済学者ですら、いつ動けばいいかはわからない。経験は役には立つけれど、本当に新しいものについては、定義からして経験の持ちようがない。でも、単に期間的な要素を意識しておくだけで、事業の柔軟性が高まるようだ。ぼくは、早めに準備を整えるよう競争する。でも自分の準備が整ったと思った瞬間、頭の中で強いイタリア訛りの声が響く。「世界のほうは準備が整っているか？」

世界の準備ができていたら、イノベーションスタックの構築には最大限の新規顧客向けの市場を作り出す責任が伴う。その報酬は、こちらが十分な速度で成長する限り競合他社がほぼ盗めない巨大市場だ。これは楽しいし、絶対成功する。

この急成長は、市場のほうにも影響力を持つ。そしてその影響は、人々が信じているものとはまったくちがう。

第3部　イノベーションの物理学

今や、あるパターンに当てはまる会社を4社見てきた。起業家は完璧な問題の解決に乗り出すけれど、解決策をコピーできないので、発明を余儀なくされる。結果として生じるイノベーションスタックは、市場を拡大してそれまで参加できなかった（銀行口座が持てなかった、新しい家具が買えなかった、飛行機で旅ができなかった、クレジットカードを受け付けられなかった）多くの人を含めるようになる。

今やこのパターンを目撃したから、まわり中でそれが目につくようになるかもしれない。イノベーションスタックは目に見えないところで発達し、いずれ巨人になる小さな会社の中に隠されていることが多い。この初期段階で起業的な会社を見つけるのは、侵食的な外来種が、まだだれかの靴にくっついた種子だったときに見つけろというようなものだ。スタックが形成されてその会社が成長したら、やっと目に見えるようになる。

過去を掘り起こす気があるなら、今や独自の市場となった、何十年、何世紀も前のイノベーションスタックはすぐに見つかる。自動車や冷凍食品はその好例だけれど、他に何千とある。たとえば、バンク・オブ・イタリー（現バンク・オブ・アメリカ）の事例がそんなに過激に思えないのは、ほとんどの大手銀行がバンク・オブ・イタリーをコピーしたからだ——たった100年しかかからなかった。振り返ってスタックを見てごらん。

でも過去から学ぶと代償がついてくる。というのも歴史はドラマを犠牲にしてデータを出すからだ。古代の戦闘の結果をまとめると、その戦争の恐怖をチェスの対局のように思わせてしまう。でもドラマを理解するのは重要だ。というのも起業家精神は戦いであって、本じゃないからだ。そして成功の確率はあまり高くない。

新しい市場について未知のこと、ときには知りようがないことのすさまじい量が、あらゆる視界を曇らせる。類似市場の「専門家」からのアドバイスは、笑っちゃうほどまちがっていることも多い。[79] 存在しないものは、研究しようがない。未知の世界への旅は地図なしでやるしかない。

目が見えない状態だ。

信頼できる予測がないので、視界が曇るだけでなく、投資家もビビる。投資家たちは、投資収益性を求めはするけれど、投資そのものが回収できることのほうがなおさら気になるのだ。平らな地球の端にドラゴンがいる地図を見せたら、船は貸してもらえない。スクエアでは、ジャックもぼくも、機能する製品と機能するチームと、喜ぶ顧客ができるまでは、投資家に声すらかけなかった。多少は資金を集められても、城壁内の会社ほどは決して集められない。

目が見えない上に貧乏だ。

怖じ気づくのは投資家だけじゃない。馴染みがないので、潜在的なパートナーも怯える。まったく新しいものを説明するのはとんでもなくむずかしい。スクエアは単純なアイデアだけれど、動くプロトタイプができるまでは、説明が実にむずかしいことに、ジャックもぼくも驚いた。既存製品を例えに使えないと、ほとんどの人は決して理解できないのだ。結果として、他の会社と提携もできないし、わずかに信じてくれる人のチームが集められるだけでも幸運だ。

---

79 スクエアで仕事をした最初の支払い産業専門家2人がくれた助言はあまりにひどくて、逆張り的によかったほどだ。連中の提言の正反対のことをやればよかった。そしてうちは「専門家」を使うのはやめた。

目が見えなくて貧乏で孤独だ。

いや、完全に孤独でもない。似たような市場ですでに活動している他の会社は、遅かれ早かれ、こっちの動きを脅威と見なす。スクエアは決してVISAを脅かす存在ではなかったけれど、それでもVISAは、こっちを潰す計画を持っていた[80]。そして手を尽くして攻撃してくる。確立した立ち位置や、マスコミや法廷から攻撃してくる。こうした攻撃が失敗すれば、自衛のために新しい法律まで可決させるかもしれない。最終的な狙いが、現在の既得権益企業たちが無視している人々まで市場を広げることだったとしても、戦争になる。

目が見えなくて貧乏で孤独で、さらに狩り立てられる。

でも、守ってくれる強力なものがある。ちがうルール群だ。この新しい起業の世界は、ビジネスの通常のルールを逆転させる。顧客が仕事仲間になり、低価格が利潤を確保し、急成長が競合他社を追い払うこともなく、「何もしない」ことで攻撃をかわせる。わかる、何を言ってるんだと思うでしょう。

まるで量子力学と古典力学みたいなものだ。どちらの系もエネルギーの概念を持つけれど、日常生活ではエネルギーの量子的説明はほぼ必要ない。それどころか、量子力学を例えで使うこと自体がバカげている。というのも物理学者でもなければ、そもそも量子力学が何なのかもあなたはご存じないにちがいないからだ。それがまさに言いたいことだ。何十億もの人々は、摂動理論だの固有状態だの[81]をまったく知らなくても暮らしていける。古典物理学は日常生活を説明する。世界理解に量子力学が必要な状況はあまりに稀だから、そういうのはあっさり回避すればいい。でも、実際に量子力学を理解しているわずかな人々のおかげで、ぼくたちは100万倍も強力なコンピュータが作れる。

起業家精神でも同じだ。完璧な問題や、ぐちゃぐちゃのイノベーションスタックを理解する必要はない。人生のほとんどを、ぼくみたいに、発明は段階的なもので爆発的な変化なんかツキでしかないとずっと思ってきたかもしれない。起業家精神が必要とされるわずかな機会はあまりに稀なので、それをあっさり回避してもいい。でも起業家精神を理解すると、何百万人ものためのソリューションが構築できる。

科学者にすら、量子力学は異様に見える。彼らはいつまでも仮説を立てては実験をしている。でもこの理解が発展するまでの間に、初の量子コンピュータがすでに作られている。同様に、起業家精神の世界はまだ十分に理解されていないけれど、だからといってその独得な力を利用しない手はないのだ。

80　職探し中の元VISA重役から、VISAがどうやってスクエアを潰せるかの戦略を書いた分厚いバインダーがあると聞いた。実際にそのバインダーを見たことはない。

81　すいませんね、ぼくも物理学者じゃないので、こういうのは説明できない。でもわざわざここを見てくれる前向きな姿勢、嫌いじゃないですよ。

第13章　スタックの攻撃

　ときには、絵なんてデタラメだ。ミズーリ州セントルイスのゲートウェイアーチの下で育ったガキはみんな、開拓者たちが西部に落ち着いた話を学ぶ。平和そうな馬車の行列と、楽しげな白人たちがアライグマの帽子をかぶった絵のおかげで、夕日を目指して進み、自分の40エーカーを手に入れようという気にもなる。実は、そうした絵のほとんどはニューイングランドで描かれたもので、たぶん描いた人は、単に隣の家のヤツがこれにだまされて消えてくれないかと思っていただけだ。本当の入植者たちは、イーゼルや絵の具なんか持っていかなかった。さらに西に進むため、意図的に自分の家を燃やして釘だけ回収した連中は、バーントシェンナの絵の具なんか携行しなかった。フロンティアでの暮らしは命がけなのだ。

　会社が市場を広げ、それまで処女地だったところを開墾しているからといって、その拡大が平和だということにはならない。起業家を研究したあらゆる産業には焦土が見られた。いつだって戦争が起こる。

起業的な会社は攻撃を受ける。そして攻撃というのは、通常の競争以上のもののことだ。ハーグの国際司法裁判所にだってかけられそうな、すさまじく熾烈な攻撃だ。いったん気がつかれたら、連中はこっちを地表から消し去ろうとする。だから戦い方は学んでおくべきだ。

焦土

サウスウエスト航空は、法廷で誕生した。ハーブ・ケレハーは最初期には航空会社の重役ですらなかった。サウスウエスト航空の法廷弁護士だったのだ。ハーブとサウスウエスト航空は勝ったけれど、他の航空会社は上告し、それをテキサス州と連邦の最高裁まで持っていった。こうした法廷で勝った後も、サウスウエスト航空は滑走路でさらに障害にぶち当たった。初のサウスウエスト便が飛ぶより先に、他の航空会社は引受会社たちにサウスウエスト航空のＩＰＯ（株式の新規公募）から手を引くよう圧力をかけ、サウスウエストが運航を始められないよう、停止命令を手に入れた。

イケアの初期の競争相手は団結し、この若い会社の仕事を引き受けるメーカーをすべてボイコットしたし、業界協会にイケアを家具メッセから閉め出させた。カンプラード個人を業界イベントから閉め出し、激しい個人的、政治的な攻撃を開始した。何十もの企業がスクエアを攻撃した。その一つは、まさに中小店舗を扱おうとするぼくをバカ呼ばわりしたCEOのいる会社だった。そいつはぼくたちの悪印象を植えつけるPRキャンペーンを開始し、CEOはガラス吹きがみなさんのクレジットカードデータを盗もうとしています、というビデオまで作った。ぼくたちはそうした攻撃にあまり注意を払わなかったけれど、それも地球上で最も危険な会社に標的にされるまでのことだった。

アマゾンの後で

本書は、アマゾンとスクエアの初のやりあいについての話で始めた。何が起きたかは説明したけれど、なぜそれが成功したかは説明しなかった。その結果を単なるツキや、その他再現不能の偶然のせいにするのは、二つの重要な疑問を無視することになる。ぼくたちの生存は単なるツキ以上のものだったのか？　そしてスクエアを救ったものは他の企業を救えるだろうか？　答えはどちらもイエスだ。サウスウエスト航空は大手航空会社の攻撃と燃料供給口封鎖で死んだ可能性もある。イケアはボイコットや追放で死ぬはずだった。バンク・オブ・イタリーは、東部の銀行からの攻撃や政府規制当局の攻撃でやられたはずだった。こうした企業はどれも、まだ小さい頃に、激しい攻撃に遭った。それが生き残ったばかりか、それぞれの産業で最大かつ最強の企業となった。これはツキじゃない。

攻撃の数学

イノベーションスタックは、単に既存のビジネスモデルに対する、独立した変更箇所一覧じゃない。各種イノベーションは統合されている。スタックのそれぞれのブロックは、他のすべてと合わさった形でしか機能しないし、一つでもブロックが欠けたらスタック全体が破綻する。たとえば、スクエアのイノベーションスタックで言えば、オンライン登録はすばらしいけれど、それが機能するには伝統的なＦＩＣＯ式の顧客審査をあきらめる必要があるし、それをやるにはリスクモデル化の新しい方法を開発する必要があり、そうしたモデルを開発するには取引量が大量に必要で、それがスタックの他の部分を不可欠にする。スクエア社の要素の一つだけ――あるいは数個だけでも――コピーしただけでは、競合がうちを破るには不十分だ。アマゾンは勝ちたいならスタック全部をうまくコピーしなくてはならない。そしてそれをやるときの数学はかなり面倒なものになる。

ここまで、スクエアのイノベーションスタックを14個検討してきた。仮にある会社がどれか一つの要素をうまくコピーできる確率が75％としよう。でもここでの想定例はアマゾンだから、80％にしておこうか。二つの要素をきちんとコピーできる確率は64％。三つになると、たった51％、四つだと41％。うちが毎日使っている要素の五つをうまくコピーできる確率は33％だ。この先はわかるだろう。アマゾンほどの才能とリソースを擁した会社ですら、数学からは逃れられない。14の要素すべてをうまくコピーできる確率（0.8^{14}）は4％ほどだ。それでもおっかないのは事実だけれど、小便チビるほどの怖さではない。

これはもちろん、過度に単純化した見方だ。というのもイノベーションスタックの各要素が独立だと想定しているからだ。でも現実には、各要素は相互につながり合っている。14個のイノベーション要素が一気に産業に解き放たれたときの影響力が持つ複雑性は、そうした要素自身の相互関係によりさらに複雑になる。すべてがすべてに影響するとき、そこに登場するのは動学的システムだ。動学的システムは理解しづらいし、コピーはほぼ不可能だ。

動学的システムを理解するには、縄跳びを考えてほしい。まず、縄自体の重さを考えよう——重すぎても軽すぎてもダメだ。たとえば糸で縄跳びしようとしたら、回せない。糸の重みが不十分だからだ。言い換えると、縄の重みが回転に影響するし、それが縄の形に影響する。だから糸では縄跳びできない。

では別の変数、弾性を加えよう。縄がゴムひもだと、張力がかかれば伸びるから、縄の回転速度で長さが変わってしまう。そして長さが変わると回転速度に影響し、単位長さあたりの重量も変わる。混乱してきた？ それが当然だ。

ぼくたち人間は、同時に2、3個以上の変数をモデル化するのが不得手だ。数学がすぐに手に負えなくなる。相互に影響し合う変数が二つあると、可能な相互作用は一つだ。変数が8個だと、可能な相互作用は251,548,592個だ。[82] 言い換えると、イノベーションスタックを表計算シートでモデル化するのは不可能だ――数学が処理しきれなくなる。

でも企業は数学が大好きだし、特に上級管理職が意思決定に使える数学はお気に入りだ。その数学がないと、意思決定をするための具体的な材料がまったくなくなってしまう。ではこうした複雑性すべてで、我らが起業家の立場はどうなる? 実は、結構いい立場に置かれることになる。

イノベーションの絡み合い

文明的な市場の外で生き残りをかけて戦う起業家たちは、何が起こるか数学モデルを構築したりはしない。単に実行して観察する。ゴムひもで縄跳びをするのは不可能ではない。試して、何が起こるかを見て、それに応じて調整すればいい。各要素が他の要素に与える影響は、予想不可能ながら観察しやすいし、対応もそんなにむずかしくない。

そしてこうした企業はイノベーションスタック開発時には新興企業だから、スタックされたイノベーションの相互作用に対応して適応するのは、そんなにむずかしくない――小企業は変化もすばやい。だから変化は実施され、それにより他の変化も必要となり、そして組織もまた

82 ノード数nのラベルつきグラフの離散接続総数。つまりすべてが他のすべてに影響する系だ。

変わる。このサイクルが何度も繰り返され、そのたびにスタックの各要素は、隣接するものすべてに適応する。

言い換えると、イノベーションスタックの要素を個別に見てはいけない。イノベーションは全体として発展する。どの要素も、出し入れすれば他の要素のふるまいを変えてしまう。たとえば、別の航空会社がパイロットたちにキャビンを清掃しろと言っても、飛行機を10分で再出発可能にしろという圧力もなく、貨物扱い人たちがF1のピットクルー並みの働きをしていなければ、パイロットたちは嫌がるだろう。パイロットはそんなことをするのが通例ではないからだ。でもサウスウエスト航空では、文化全体がすばやい再出発を支援しているから、パイロットたちもシートポケットに突っ込まれたオムツを率先して引っ張り出す。

数学的不確実性がなくても、これは直感的に筋が通っている。スクエアでは、イノベーションのほとんどは他のイノベーションの直接的な結果だった。たとえば、こんなとんでもなく安いハードを設計したからこそ、無料登録と無料キャンセルを提供できるようになった。クレジットカードを処理したことなんかない人々を歓迎して、その多くが信用履歴を持っていなかったからこそ、独自の不正検出システム開発が必要になった。でもこうしたシステムは、信用照会センターなしで構築されたから、独自のやり方で発達した。数百万回の修正サイクルを繰り返して、今やうちのシステムは細かくチューニングされて、コピー不可能だ。もちろん競合他社は当然真似ようとしたけれどね。

テッドは死んだ

テッドって覚えてますか？ テッドは実は、２００４年にユナイテッド航空が創設したＬＣＣの名前なのだ。みんなテッドは「ユナイテッドの終わり」か、「ユー（あなた）とアイ（私）の乗ってないユナイテッド」を表すのだと言ったものだ。ユナイテッド航空は、２００８年にテッドを潰したけれど、同社はサウスウエスト航空を真似ようとした大手航空会社の中で最も長続きした試みにはなった。デルタ航空はソングを立ち上げたけれど、3年で音程が外れた。コンチネンタルライトもまた、さっさと墓場送りになった。

でもこうした企業、ユナイテッド航空、コンチネンタル航空[83]、デルタは、無慈悲なほど競争的な航空産業における生き残りだった——この業界では、ペンキ剥離液が企業予算の費目に計上されているのだ。こうした大きくて経験豊かな企業は、一見すると新興企業をコピーするくらい朝飯前のはずだ。じゃあなぜテッドは成功しなかったんだろうか？

テッドを立ち上げる前に、ユナイテッド航空はサウスウエスト航空を30年以上にもわたって研究していたから、サウスウエスト航空が何をやっているかはもちろんわかっていた。さらに、ユナイテッド航空は航空ビジネスの内部情報も知っていたし、全米第2位の大手キャリアだっ

83 言いたいことはわかるけど、当時はまだ存命中だったのよ。

た。テッドはサウスウエスト航空のイノベーションスタックのいくつかをコピーした。食事サービスをなくし、低運賃を提供し、燃料効率の高いエアバスA320に機材を統一し、はっきりわかる変わったブランドアイデンティティまで構築しようとした。でもサウスウエスト航空のイノベーションの半分も再現できなかった。

テッドは、サービスのクラスを2種類のままにしたので、予約システムと搭乗システムを別々にしなければならなかった。座席指定もそのまま。パイロットはユナイテッドの人材で、契約がまちまちだったし、A320だけでなくユナイテッド航空の他の機材についても研修が必要だった。手持ちの飛行機も少なかったので、サウスウエスト航空ほど頻繁なサービスもできなかった。テッドはLCCとはいえ、それは黒猫の背中に白い縞模様が入ったものをスカンクと呼ぶようなものだった。ハーブ・ケレハーは、なぜ競合他社がサウスウエスト航空のイノベーションスタックを再現できないか説明してくれた。「みんな20個あるうちの一つだけ取り出して『これさえあればうちこそ次のサウスウエスト航空だ』と言ったんだが、実は肝心なのはうちの全体的な混合物だったんだ」

真似っこたちはまた、企業文化自体もイノベーションスタックの一部だというのを忘れていた。イノベーションスタックと共に発達する企業文化は、当然ながらイノベーションと調和してそれを作り出すのに貢献する。サウスウエスト航空は、市場での生き残りを通じて独自のイノベーションスタックを創り出した。サウスウエスト航空の文化のすべては、そのイノベーションスタックを支えていた。テッドをはじめ、不運な真似っこたちは、経営の練習問題的に文化とビジネス慣行を押しつけようとしたけれど、それは電話営業のヤツが「お時間ありがとうございました」と言うのと同じくらいの誠意しかない。

テッドは死んだ。

相手にするな

何もしない、だって？　いやあすごいね。競合他社が自分の会社を攻撃しているのを見ながら、何もしないと決めるまともな指導者がいるもんかね。

直接的な競争上の脅威に対して何もしないという決断は、何に注目するか次第で、とんでもないかもしれず、当然かもしれない。競争相手に注目するなら、攻撃を無視するなんてとんでもない。既存産業の多くの企業は、顧客より競合他社を注意深く観察する。これは筋が通っている。段階的なイノベーションでゆっくり成長している産業では、コピーは実際、しっかりした戦略だ。それどころか、実業界の外でも競争相手をコピーするのは筋が通っている。

スポーツ史上で最大の敗北とでも言えそうなものは、アメリカのヨットチームが１９８３年アメリカズカップでオーストラリアに負けたときだろう。アメリカはこのカップを１３２年にわたり防衛し続けた。史上最長の連続勝利だ。オーストラリアは、このレースで２種類の優位性を持っていた。新しい「羽根つきキール」は、みんなにこのボートは速そうだと思わせた。そしてメン・アット・ワーク（オーストラリアのバンド）のすげえ曲もいくつか持ってきて、みんなにヴェジマイトサンドイッチっていったい何だろうと思わせた。でも本物の船乗りなら、オーストラリアが勝った本当の理由を知っている。アメリカチームが、ヨットの王道を破ったからだ。その王道とは、競争相手を真似ろ、というものだ。

ヨットでのコピーは、カバリングと呼ばれ、発想は単純だ。相手をリードしていて、相手がこっちに曲がったら、絶対同じ方向に曲がる。基本的には、自分が逃した風を相手が捕まえるようなことがあってはならない。向こうがこっちに曲がって自分があっちに曲がったら、残り一生にわたって「ダウン・アンダー」を聞くたびに涙にくれる羽目になりかねない。

競技の雌雄を決する第7レースで、アメリカチームはオーストラリアの船を圧倒的にリードしていた。そのリードがあまりに大きかったから、カバーしないことにした。オーストラリアは別の方向に行き、もっといい風を捕まえて、アメリカを追い越した。アメリカの船はそれから、あっちへこっちへ50回も舳先《へさき》を変えて、オーストラリアに同じまちがいをさせようとした。でもオーストラリアは、アメリカ人のターンをすべて真似て、やがてニューヨークヨットクラブのだれかは、ミラード・フィルモア大統領の御代《みよ》以来ずっと鍵のかかっていたトロフィーケースの鍵を探しに行く羽目になったのだった。

確立した安定市場では、あらゆる会社が一斉に向きを変える。コカ・コーラはペプシを真似、マイクロソフトはグーグルを真似、NBCはABCを真似る。それが筋が通ったやり方だ。

でもコロンブスのように、背後の船よりも、わかっている世界の縁を乗り越えるほうに興味があるならどうだろうか? 独自のイノベーションスタックを創る会社は、顧客専念により進歩する。しかもその顧客は市場に新しくやってきた顧客だ。会社が成熟するにつれ、成長する顧客基盤からの新しいフィードバックが多くなりすぎて、会社としてやるべきことは増える一方になってしまうのだ。

顧客に専念

そこで問題は、競合他社が起業的な会社を攻撃した場合、攻撃を受けたほうは攻撃を仕掛ける会社に注目すべきか、自分の顧客に注目すべきか、ということだ。こうした顧客のほとんどは、攻撃してくる競合他社から奪ったわけじゃないことにご留意を。この市場にまったく新しい顧客だったのだ。ジャンニーニは、銀行を使ったことのない人に銀行サービスを提供した。サウスウエスト航空は、他の航空会社よりはむしろ長距離バスからお客を奪った。スクエアの顧客のほとんどは、これまでクレジットカードを処理したことはなかった。こうした新規顧客に注目する——そして意見を聞く——のが筋が通っていた。特に、他のだれもそんなことをしていなかったんだから。

そういうわけで、攻撃への対応として、起業的な会社と普通の企業とでは、決定的な差が見られる。競争的な脅威への対応として、普通の会社は競争相手のやっていることに対応する(コピーする)べきだ。これに対して起業的な会社は、顧客に専念して、直接的な攻撃を受けた場合ですら、あまりいろいろ変えるべきじゃない。対応する場合でも、起業的な会社はイノベーションスタックを武器として使える。サウスウエスト航空の運賃13ドル戦争が好例だ。

1973年にブラニフ航空はダラス=ヒューストン便の運賃を13ドル、サウスウエストの半額にした。ダラス=ヒューストン便は、サウスウエスト航空の稼ぎ頭路線だった——この料金で競争したら、イノベーションスタックと費用効率の高さをもってしても、最悪の結果になる。ブラニフ航空の値づけ攻撃はアメリカの反トラスト法違反だったけれど、重役たちはハーブが法廷闘争を始める前に、サウスウエスト航空を潰してしまおうと目論んでいたのだった。サウスウエスト航空が潰れたら、法廷で勝っても意味はないから、ハーブはすばやい対応を必要とした。そして彼のチームは、顧客を見ることで計画を立案した。

サウスウエスト航空は、ダラス=ヒューストン便のほとんどの乗客がビジネスパーソンなのを知っていた。こうしたビジネスパーソンがサウスウエスト航空を使うのは、便がたくさんあって便利だし、変更が楽だし、座席指定がなくて定時運航だからだ。ブラニフはどんな価格をつけようとも、サウスウエスト航空のイノベーションスタックの他の影響は再現できない。こうしたビジネス旅客は、単なる低運賃だけでサウスウエスト航空を選んでいたわけじゃなかった。

どのみち彼らは、運賃なんて会社の経費で落とすのだ。

だからサウスウエスト航空は、運賃を13ドルだけ支払うか、それとも満額26ドルを支払って、かわりに無料のシーバス・リーガルスコッチか、クラウンローヤルウィスキーか、スミノフウォッカのボトルをつける、という選択肢を乗客に与えた。ほとんどの乗客はサウスウエスト航空にとどまり、満額払ってお酒をもらった。サウスウエスト航空は二倍の運賃でもブラニフに売り勝ち、そのプロモーションが続く間はテキサス最大の酒類提供業者となった。

ブラニフはサウスウエスト航空を気にしていたけれど、サウスウエスト航空は顧客を気にしていた。飛行機にはバックミラーはないし、起業的な会社にもない。自分の顧客と、それに奉仕するイノベーションスタックだけに専念する。そんなスタックとかいうものを持っていたことにそれまで気がついていなかった場合ですら。起業的な会社は、競争的な攻撃に対抗して何もしていないように見えるかもしれない。でも実際には単に、何もちがうことはしていないだけなのかもしれない。

子供時代にある大人から「やり返さなければいじめっ子たちも放っておいてくれるよ」とアドバイスを受けたことがある。当時のアドバイスとしては最悪のものだったけれど、今ならその理屈も当てはまりそうだ。イノベーションスタックの奇妙な数学は、「何もしなくても」組織を守ってくれる。顧客と会社のためにできる限りのことをしているなら、競争的な攻撃を無視するというのは適切なアドバイスになれる。それに何百万人も味方がいるかもしれないし。

第14章　見えない軍団

ずっと大きな競合に攻撃されたり、産業全体が競合になったりすると、おっかないしとても寂しい。アマゾンが最初にスクエアを攻撃したときには、同じ状況の他の会社《カンパニー》を見つけようとした。その解決策をコピーするか、少なくともそのまちがいから学びたかった。でも失敗した。とはいえ、ぼくたちが唯一ではなかった。ただ見ているカンパニーの種類がちがっただけだ。

起業的な会社は、同じく城壁の外にいる何百万人もの潜在的な顧客に囲まれている。企業がイノベーションスタックを創り上げるあらゆる場合に、何百万人もの新規顧客が、存在すら知らない製品を熱心に待ち構えていた。

こうした顧客は最初は見えにくい。特に城壁都市の内側から世界を見ているならなおさらだ。サウスウエスト航空が創業したとき、世間的な叡智というのは人々が本当に飛行機なんか乗りたがっていないというもので、連邦政府はこのバカげた主張を裏付けるデータを持っていた。

もちろん政府はすでに飛行機に乗った人々にアンケートをしていたのだけれど、サウスウエスト航空の将来顧客のほとんどは「汚い犬」[84]に乗っていたのだった。

これは意外でも何でもない。計測は、計測可能なものに基づくしかないのだ。政府が航空旅客の記録をつけ始めたときには、飛行機に乗る人しか数えなかった。ほとんどはビジネス客と金持ちだ。金持ちしか調査しなければ、ポロが実際より人気あるスポーツに思えるだろう。でもこのバイアスは調査実施者の落ち度とは必ずしも限らない。新しいものというのはとにかくそういうものだ。何かが存在するまでは、どんなグラフにも表れようがないのだ。

ハーブとサウスウエスト航空のチームは統計を別の形で見た。「政府の推計では、アメリカの成人の15〜20%は一度も民間航空機に乗ったことがないそうなんだ。それって、かなりでかい市場機会に思えるだろ?」。確かにその通り。

ほとんどのスクエア顧客は、それまでクレジットカードを受け付けられなかった。ほとんどのイケア顧客は新しい家具を買ったことがなかった。ほとんどのバンク・オブ・イタリー顧客は銀行に足を踏み入れたこともなかった。そしてこうした人々のだれ一人として、業界が彼らを包摂するように広がるまで統計として表れたこともなかった。見えないからといって関心がないわけじゃない。見えない市場は巨大なこともある。ただあらゆる計測指標は現在の市場に

84 グレイハウンドの長距離バスに乗るのを乗客たちはこう呼んだ。

最適化されているので、事前にそれを証明するのが不可能に近いのだ。

アドプターとアダプター

市場に新しくきた顧客は、何の思い込みも持っていない。これはイノベーションを通じて産業を大幅に拡大する大きなメリットだ。新規顧客は、その市場への参加方法を、こちらのやり方を見て学ぶのだ。これはイノベーションスタックと競争的な立場の両方に影響する強力な優位性だ。最初の顧客集団はアーリーアドプター（初期採用者）と呼ばれるのが通例だが、イノベーションスタックの立場からすると、アーリーアダプター（初期の適応者）と呼ぶほうが正確だ。実際、一部のイノベーションは、新しい適応力のある顧客がまとめて参加して、自分で家具を組み立て、たわむカードをスワイプしてくれないと不可能だ。

スクエアを始めたとき、顧客の大半はクレジットカードを受け付けたことがなかった。ぼくたちはその人々に、単純で低い手数料を期待するよう教えた。電話サポートなしでやっていくよう教えた。業界平均よりも3日早い入金を期待するよう教え、取引1回ごとの手数料や返金手数料、キャンセル手数料もないのが当然と思うよう教えた。多年度契約は断れと教えた。無料のハードと美しいソフトを当然と思うよう教えた。

サウスウエスト航空は顧客に、グループ単位で搭乗し、自分でシートを選ぶよう教えた。顧客はフライト前に食事をすませ、どこかのハブで乗り換えたりしないのが当然だと思うようになった。手荷物手数料やキャンセル料はないのが当然と思った。サウスウエスト航空はやがて、自社の運賃を他のウェブサイトに載せないことで、顧客にSouthwest.comを使うよう教え込みさえした。サウスウエスト航空は、乗客の期待通りのものを提供する。サウスウエスト航空のやり方がその市場を作り上げたからだ。

ハーブはこう説明した。「基本的に、私たちは人々がサウスウエスト航空の顧客になるよう訓練していたんだ。ずっと言われ続けていた苦情は、シートが指定じゃないというものだった。そして気持ちはわかるよ。みんな『自分の小さな巣が待っていてくれるんだ』と思いたがるからね」。でもサウスウエスト航空の顧客は、巣よりはフライトを重視するのだ。

イケアは顧客に、巨大なショールームを訪ねて、何十もの選択肢から選ぶように教えた。家具を自分で組み立て、商品は配達を何週間も待つのではなく、店内で持ち帰るように教えた。すばらしいデザインを低価格で期待するよう教えた。店に子供を連れてきて、買い物を家族体験にするように教えた。イケアが唯一やっていないことと言えば、製品名の発音方法を顧客に教えることくらいだ。

新しいアイデアvs.改変したアイデア

起業的な会社が新規顧客を仕込むのがこれほどうまい理由の一つは、アンカリングと保守主義という心理学的な現象を活用しているからだ。アンカリングは、人間がその問題について初めて手に入れた情報に大きく依存する傾向だ。保守主義は、新しい証拠を前にしても信念をあまり変えないという傾向だ。起業的な会社は、この二つの傾向を混ぜ合わせることで、既存の考えを変えるよりは新しいアイデアを教えるほうが簡単になることをすぐに学ぶ。

企業が何かまったく新しいものを発明して、それが新しいとみんなが本当に認識したら、この情報は記憶の中で独自の「保管場所」を与えられる。[85] これはその新しい心的不動産に入居する企業にとってすさまじい優位性だ。というのもいったん個人がある新しいアイデアを受け入れたら、そのアイデアについてもっといろいろ学ぶように動機づけられるからだ。言い換えると、顧客が注意を払うようになったら、イノベーションスタックの残りの部分について教えるのはずっと容易になる。顧客はこちらのメッセージにアンカリングされ、競合他社に対しては保守的になる。逆に、こちらの顧客を盗もうとする人はすさまじい障壁に直面する。こちらのイノベーションスタックを真似るか（これはほぼ不可能だ）、顧客を訓練し直すか。これまたとんでもなくむずかしい。

再教育は、何かを新しく教えるよりずっとむずかしい。再教育には、まず人々に現在の信念を放棄するよう仕向けねばならないけれど、人々は自分の信念が不変の事実であって、決して変わらないと考える強い傾向を持つ。[86]だから自分が「正しい」以上、新しい情報に注目する理由なんかない。みんな自分がすでに知っているつもりだから、別の視点はあっさり無視する。さらに、現在の信念をなんとかえぐり出しても、何か新しいことを説明するという作業がまだある。本当にその個人の注目を集めない限り、こちらの美しい論理はすべて無視される。

だからといって、初めての顧客を訓練するのが簡単だということではない。新しいアイデアを伝えるには何十という課題があり、ここで論じるにはあまりに多すぎる。でも新しいアイデアを持った起業的な会社にとってときに被害をもたらしかねない、三つの大きな問題をぼくは見つけた。それを、知識の呪い、言語の重さ、フィードバックの失敗と呼ぼう。

知識の呪い

親密なまでになじむと、欠点もある。大学時代、ステレオシステムの大きいやつほどイケて

85 はいはい、これは現在記憶の働きとされるものをすさまじく単純化しているが、基本的な理屈は正しい。

86 ぼくたちはあまりに自信過剰なので、心理学者たちは人々が自分の信念を正当化するときに使う認知バイアスを15種類も仕分けているほどだ。努力の正当化、自己中心バイアス、確証バイアス、適合バイアス、購買後の正当化、選択支持バイアス、選択的知覚、観測者期待効果、実験者バイアス、観察者効果、期待バイアス、ダチョウ効果、主観的裏付け、継続的影響効果、ゼンメルヴァイス反射。すげえ。

るという風潮があった。ある友人はその壮絶な見本を持っていて、プリアンプ、メインアンプ、音響イコライザ、六入力、独立電源、その他いくつか魔法のように輝くガジェットを持っていた。その設備は本棚丸ごと占拠して、冬にはそれさえあれば暖房がいらないほどだった。残念ながら、この技術タワーで曲をかけるためには、最低でも七つのちがった操作が必要だった。

ある晩、わが友人は一群の人々のためにパーティを開催し、その中には彼がえらく親密だった女性もいて、そしてあろうことか、彼女の夫もいっしょだった。万事快調に進んでいたのだけれど、だれかが音楽をかけてくれと言った。この女性は平然とステレオ装置の壁に近づいて、七つのスイッチを意識もしないほどの滑らかさで、どんな航空機のパイロットでも感嘆するほど見事に入れてみせた。でも彼女の夫は、自分の妻がオーディオシステムの天才だとは信じてくれなかった（この女性はそこまで来るドライブの途中で迷子になったふりまでして、自分がこの友人宅の洗面所に自分用の歯ブラシまで置いてあるという事実を隠そうとしていたのだった）。これまた知識の呪いの犠牲者と言えよう。

結婚が危うくなっても、自分がすでに知っていることがいかに複雑なものかを客観的に理解する方法はない。どんな航空機のコクピットでものぞいてみよう。めまいがするほどの制御装置がある。コクピットはあまりに複雑な環境なので、民間航空機にはキーがない。こいつを飛ばせるものなら、好きに持っていけ、ということだ。でも年季の入ったパイロットが飛行機を操縦するのを見れば、楽々とスイッチを入れ、ボタンを押し、緊張した様子もない。この複雑な環境で長い時間を過ごして、慣れてしまったのだ。複雑なシステムを習得しただけでなく、自分がどれほどそれに慣れてしまったかさえ認識しないようになったのだ。

いくら考えても、自分が親密なまでに馴染みのあるものがいかにややこしいかは、決して客観的に理解できない。親密なまでに馴染みがあるものは、顧客に何か新しいことを教えようとしたり、不倫を隠そうとしたりするときには不利に作用しかねない。ＡＰＵの電源を入れたら排気スイッチを開くという当然のことですら[87]、新規顧客は混乱しかねない。結果として多くの起業家は、自分たちのシステムの仕組みをきちんと説明できなくなってしまうのだ。

言語の重さ

「言語の重さ」とぼくが呼ぶ概念は、どんな教科書にも載っていないけれど、その影響は何十年にもわたりぼくを悩ませてきた。

言語の重さは、人々がすでに理解している事柄に似た事柄に当てはまる。言葉によってはまちがった印象を抱かせてしまう。特にそうした印象が、おおむね正しいけれどわずかにちがう場合はなおさらだ。

87 え、常識、ですよねえ?

たとえば「農場」という単語を考えよう。頭に浮かんだのは緑の植物、開けた畑、日光、家畜や灌漑《かんがい》もあるかもしれない。この言語の重さの困ったところは、キノコ農場を作りたいときに出現する。キノコを育てるのは、伝統的な農業の真逆とすら言える。キノコ農場は暗く、湿った洞窟だ。たぶん下水道と言ったほうが適切だろうけれど、マーケティング部門に拒絶されてしまうだろう。

問題は、真に革新的な新製品が、顧客がすでに理解しているものに何となく近いと、顧客はあっさり聞くのをやめてしまうということだ。革新的な製品も、顧客がすでに知っているものに近いと思われてしまい、その差を理解してもらうだけの注意を払わせるだけでも一苦労だ。ブラックホールと同様に、言語の重さはあらゆる似たような考えを引きずり込んでしまう。本当にちがう製品であっても、言葉の選び方によってはメッセージが無視されかねない。

潜水艦を発明して、それをぼくに説明しようとしている場合を考えよう。ぼくは潜水艦を見たことがないので、あなたはそれを、水中自動車と表現する。自動車という言葉が聞こえたとたん、ぼくは海底を四輪で走る何かを想像し、おそらくは海洋ゴミにはまりこんで、やがてマリアナ海溝に落ち込むのではと思い始める。脳内にはまちがった図式ができてしまい、そんな発明は役立たずだと結論するかもしれない。そして役立たずだと「わかって」しまったら、もう残りの説明なんか聞こうともしない。

言語の重さの危険性は、起業家にはことさら大きい。というのも、ぼくたちは自分が拡張したり改善したりする業界からの単語を選ぶからだ。サウスウエスト航空が直面した初期の問題は、「航空」という言葉だった。というのもこれは当時、特別で高価な移動手段という響きを持っていたからだ。「航空」という言葉を聞いた人はみんな、手の届かないものとまちがって思い込んでしまう。サウスウエスト航空はこの先入観に対抗するため、やりとりすべてで「低価格」という説明を航空につけたものだった。

フィードバックの失敗

自分のメッセージがわかりにくかったりおかしくなったりしていても、それにいつまでも気がつかない可能性がかなりある。これはフィードバックの失敗、あるいは人々が自分の反感や混乱を隠そうとする傾向のせいだ。言い換えると、人は心にもないよいフィードバックを返すのがとても上手なのだ。実は妻とぼくは目下、息子に不正確なフィードバックを返すやり方をまさに教えているところなのだ。ただしそれは、よいマナーという口実のもとでだけれど。そうだねえ、オクラは確かに「ヌルぐちょ」だけど、大使さんはうちをみんなご招待してくれて、とっても親切だったよね、だから野菜を食べないとね、このクソガキめが。よいマナーというのは相当部分が、心にもないことを言うというものだ。

ガラスアーティストとしてのキャリア初期に、ぼくは作品について正直なフィードバックをくれる人がほとんどいないことを学んだ。二つの作品を並べて意見を求めると、両方についてて漠然とした褒め言葉が返ってくる。唯一の正確なフィードバックは、作品がギャラリーで売れたときか、もっとありがちなのは売れなかったときだけだった。

フィードバックの失敗は、ぼくの非営利団体ローンチコード財団の全米拡大を台無しにしかけたし、それは全面的にぼくの責任だった。ローンチコードはセントルイスで立ち上げたもので、プログラマの不足を求人と新規プログラマ研修の提供を通じて解決するものだった。このプログラムを最初に始めたとき、うまく行くかまるでわからなかった。というのも、他の機関とは意図的にすべてをちがうやり方にしたからだ。ローンチコードは、こちらの認定コースを完了した有能なプログラマを雇うと企業に同意させるところから始める。こうして仕事が見つかったところで、学びたい人にはだれでも、必要な技能を無料で教える。つまり、まずは求人から始め、教育は後だ。既存の教育アプローチとは正反対だったけれど、でも成功した。

この実験があまりに成功したので、この仕組みを南フロリダまで広げた。ここはセントルイスよりさらにひどい人材不足だった。でもセントルイスの実験とちがって、マイアミに到着したぼくは、ローンチコードが本当に人々を助けたという何十もの物語で武装していた。元海兵隊員が、ローンチコードのおかげで10年ぶりに仕事にありついて、政府支援なしに家族を養えて実に誇らしいというエピソードを語っているビデオも持ってきた。

でもそういう物語を語ることで、フロリダでの活動は潰れかけた。話をしたあらゆる企業は、是非参加をとは言うのに、何もしない。こちらの活動を気に入ってくれた(少なくとも気に入ったと言ってくれた)のに、卒業生を雇わない。人材がほしいというから、人材を用意したのに。何がいけないいんだ?

1年にわたり、プログラマを仕事に就かせられずにいた挙げ句、フィードバックの失敗がわかった。ある日、フロリダ最大のヘルスケアコングロマリットのCIO(最高情報責任者)に連絡を取ろうとしていたのに、会議に出てきたのは「多様性担当者」だった。つまり、ローンチコードは本当に人々がプログラミング職を得る手伝いをしているのに、そうした人々が紋切り型のコンピュータプログラマとは様子がちがったので、企業はうちの連中が技能を持っていないと思ったのだった!

企業の考えはこうだった。「仕事を欲しがってるだけのヤツなんか雇いたくない、能力のあるヤツを雇いたいんだ」。ローンチコードが非営利慈善組織だということと、人々を助けるというぼくの話とが組み合わさって、彼らの頭の中ではこんなふうに翻訳されたのだった。「ローンチコードの連中を雇うのは、職場の多様性ノルマを満たす必要が出てきたらにしよう。でも今は技能のある人がほしい」。もちろんだれもそんなことをはっきりは言わない。みんなあまりに「礼儀正しい」からだ。おかげでフィードバックの失敗が起きた。いったん人々を助けるという話をやめたら、企業はうちの卒業生を雇い始めた。[88]

「すげえ」の瞬間

何であれ、教えるためには生徒の注目が必要だ。でも人はどのくらい物事に注意を払うんだろうか？　神経科学者の言うことが正しければ、人は実際に知覚したものの大半を無視する。ならば、だれかに新製品や新アイデアに注目してもらうにはどうすればいいだろうか？　理想的には、実に驚異的な体験で顧客を喜ばせて、気がついてもらえばいい。だからこそ、スクエアのカードリーダーは少し使いにくいほど小さくしておいたのだった。小ささは、人々の注意を引くのに重要だった。というのも、そんなに小さなものがクレジットカードを読み取るなんて、みんな見たことがなかったからだ。でも別のことも起きていた。これを知ったら、みなさんちょっと不安になってしまうかもしれない。実は、人をちょっと不安にさせるのがぼくの狙いだったのだ。

うちのカードリーダーは、当時も今も小さすぎて、人々が正しくスワイプできるようになるまでには、少し練習が必要だ。注目するほど小さくて、そしてちょっと使いにくいのでさらに注意を払う。でもカードリーダーに注目しているのと同時に、みんなうちの会社名を覚え、おそらく自分のお客さんに、それがいくらして、登録がいかに簡単かを話すようになる。

これは公式には「処理困難効果」と呼ばれている。[89] 人々は、学習に少し苦労したほうが、物事を記憶しやすいのだ。ぼくは意図せずして、自社製品にさらに注目を集める方法を編み出していたのだった。何百万人もの人に、他の何百万人にスクエアについて教えるよう訓練していたのだ。

初のライドシェアを使ったときの不安な気持ちを覚えているだろうか？ぼくは、歩道に立っているところへ輝く黒いダッジチャージャーが停まったときのことをはっきり覚えている。車の乗客になる場合、ぼくの念頭には2種類のモデルしかなかった。一つはタクシーの乗車で、後部シートにすわって何も手を触れないようにしつつ、ドライバーのナンバーを控えようとしているのを気取られないようにする。もう一つは友人の車に乗るときで、その場合には助手席にすわり、道中ずっとしゃべりっぱなしだ。この黒いチャージャーがやってきたとき、ぼくは前にすわるか後ろにすわるかを選ばねばならなかった。うん、明らかにタクシーではないから、後部シートを選ぶのは失礼に思えた。でもこの運転手は知らない人だから、助手席にすわるのも厚かましいようだ。結局助手席にすわってかなり居心地の悪い思いをしたし、たぶん運転手も同じ気分だっただろう。ウーバーもリフトも登場したばかりで、ぼくはまだ訓練を積んでい

88 だれでもこれをやっている。心臓手術が必要になって病院にでかけたとき、「この人にも医者になるチャンスが与えられるべきだと思うんです。この人に執刀を」と言われたらどう思う？

89 E. J. O'Brien and J. L. Myers (1985). "When comprehension difficulty improves memory for text." *Journal of Experimental Psychology: Learning, Memory, and Cognition* 11(1): 12-21.

なかった。

でもその一瞬の居心地の悪さは重要だった。それでぼくの関心がそっちに向いたからだ。電話で車を呼ぶのは便利だな、運転手もぼくも得点がつくのはいいな、降りるときにも運ちゃんにクレジットカードの機械が壊れてるとか言われて現金を慌てて探さずにすむのは便利だな、と考える。ウーバーはまさにぼくを訓練したわけだ。後に、後部座席にすわるようにもぼくを訓練した。やがて、リフトのほうを選ぶようにも訓練した。今や脳内には、乗客になるときのモデルが三つある。タクシー、友人、ライドシェアだ。最初のライドシェアで居心地が悪かったのはよいことだった。ウーバーはぼくに新しい移動方法を教えなくてはならず、ぼくはそれを学んだからだ。

イケア効果

イケアは顧客の注目を集める技を磨き上げたので、今や独自の正式な認知バイアスを持っている。クリップボードを持った心理学者たちは本当に、「イケア効果」という現象を挙げている。[90] 単純に言うと、自分の家具を組み立てるという苛立たしい作業のおかげで、その最終製品に惚れ込む、というものだ。

あのあなたが手にする6ミリの六角レンチは、おがくずを固めたもの二つをつなげるだけでなく、あなたの脳の配線も変えている。完成した家具に部品が足りず、ネコを殺さないように壁に押しつけておく必要があっても、自分がそれを作るのに手間暇かけたから、それをもっと価値あるものと見なすのだ。イケアは実は、顧客をわずかばかり不安にさせることで、イケア流を学ばせるという長い歴史を持っている。家具メッセの一部ではないショールームのために、ビルのまわりに長い行列を作らせた最初の経験から、ボールのプールに子供を放り込む現代の店まで、イケアは顧客の注目を要求する。

サウスウエスト航空も、注目の集め方を、特に初期の時代には知っていた。もしミニスカートをムームーに見せてしまうスチュワーデスたちの制服に目がいかなかったとしても、その他何十もの、ちょっと癇に障る経験が用意されていたのだった。ぼくのお気に入りは、ラウンジ式のシートだ。つまり、2列ごとに対面式になっているのだ。ラウンジ式の対面座席配列は、友達と6人で旅行をしているならすばらしかったけれど、フライトの間ずっと、だれか見知らぬ人の膝を見つめて過ごす羽目になったら最悪だ。でも、確かに他では味わえない！

A・P・ジャンニーニもまた、銀行での体験を忘れられないものにしようとした。多くの点で、これは努力するまでもなかった。バンク・オブ・イタリーの顧客のほとんどは、そもそも銀行自体に行ったことがなかったからだ。だから店舗に行くだけで新体験だ。でもこちらの訓

---

90 M. I. Norton, D. Mochon, and D. Ariely. "The 'IKEA effect': When labor leads to love." *Journal of Consumer Psychology* 22(3): 453–60.

練が伝わるように、ジャンニーニは窓口係が顧客の母語をしゃべるようにさせた。管理職の採用では金融面の能力に加え、陽気な親しみやすさも考慮された。[91]

製品がどんなに革新的でも、顧客に無視されたら元も子もない。注目を集めるだけで話はまったく変わってくるけれど、起業的な会社は知識の呪い、言語の重さ、フィードバックの失敗との戦いで、いくつか天性の優位性を持っている。

ジャックとぼくがスクエアを始めたとき、セントルイスのある小さな小売商が困ったことになっているのは知っていた。ぼく以外のだれかがこの製品を使うことがあるかどうかわからなかった。あまりに新しくて、それをテストする方法もなかった。やがて、ぼくたちの作っているものに価値を見出した何百万人もの人々の注目を勝ち取った。そうした人々をまったく新しい形で訓練し、その人々が今やぼくたちを訓練している。うちの独自製品は、何百万人もの顧客の手で、何十億もの個別処理を生み出している。こうした何十億もの個別処理の結果、スクエアの見えない軍団は、今やうちのイノベーションスタックの不可欠な一部となっている。

うちの顧客は、うちの製品を買い、売り、開発し、守ってくれる。ぼくたちが経営を続けているのは、この見えない軍団のためであり、彼らのおかげでもある。彼らがぼくたちの仲間だ。そしてぼくたちがこうした顧客に敬意を払うやり方は、もっと多くの企業が真似てくれてもいいのにと思う。

第15章　低いけれど、最低ではない

値づけは一見しただけではわからないほど複雑な話だ。一方では、価格ほどわかりやすいものはない。一つの数字で、通常はその製品やサービスを作る会社が決める。起業的な会社の価格設定は、通常の企業のやり方とはちがうんだろうか？　ちがう。そしてそのちがいは、微妙なものでもあるし、重要なものでもある。

低価格と最低価格

低価格と、最低価格とで、何かちがいはあるんだろうか？　英語ではこの二つにほとんど差

91　Gerald Nash, *A. P. Giannini and the Bank of America* (Norman: University of Oklahoma Press, 1992).

がないけれど、でも重要なちがいがある。多くの場合、起業的な会社の低価格は市場での最低価格でもある。でも実際の価格は、その価格がどうやって出てきたかに比べると、あまり重要ではない。値札だけを見ないで、その数字の背後にある論理に着目すれば、起業的な会社とその他ほとんどの会社との、細かいけれど重要なちがいが浮かび上がる。

歴史上の起業家を研究する中で、何度も低価格が強調されているのを見出した。でもこれは、最低価格を維持するということではなかった。低価格は、顧客に最大の価値を絶えずもたらすという企業哲学から生じる。起業家は、価格をなるべく低く抑えつつ、全体的な体験の質は維持する。これに対して最低価格は、似たような製品やサービスを販売する別の会社との比較が必要になる。最低価格を持つことに価値を見出す企業は、絶えずあたりを見回して、競合他社が何をしているか気にしなければならない。

サウスウエスト航空は価格があまりに低くて、長距離バスから乗客を奪っていた。ハーブの話では「1990年代には独立調査により、サウスウエスト航空がアメリカにおける低価格競争の9割を提供しているという結論が出たんだ」。初期には、他の航空会社が400ドルで売り出している路線が、サウスウエスト航空だと69ドルという運賃になっているのもよくあることだった。でもその同じ時期に、サウスウエスト航空はまた顧客体験の質にも注目した。ハーブの説明によると「運輸省で統計を取り始めて以来、うちは定時運航記録の首位、貨物扱い記録の首位、顧客の苦情の面でも首位を続けていたんだ。だから明らかに人々は何か気に入るものを手に入れていたんだよ。だって苦情率は何十年にもわたり、他のキャリアよりずっと低かったんだからね」

でもハーブがすぐに強調したのは、低価格にあぐらをかいて、最高の顧客体験を提供するという必要性を軽視するようなことはなかった、ということだった。「いろんな会社で見かける大きな失敗は、あっちかこっちかの二者択一モードに入っちゃうことなんだよ。ほら、『低価格かよい顧客サービスか、どっちかは選べるけれど両立はできない』ってやつだ」とハーブ。

これはカンプラードのアイロン台ジレンマだ。何でも安くして品質までダメになるようではいけない。グンナル社とのアイロン台バトルでイケアが学んだ教訓は、市場で最低価格にこだわるのではなく、むしろ高品質製品を低価格で売ることに専念しろ、ということだった。イケアは間もなく、低価格で売って競合他社のやっていることは無視するよう学んだ。今日に到るまで、イケアは競争相手のいないアイテムでも価格を下げる。

臆面なき起業家は、競合商品がはるかに高いときですら価格を抑える。草創期のバンク・オブ・イタリーは、利率を7%に抑えた。他の銀行の3分の2だ。そしてこの間にバンク・オブ・イタリーは、他に何十もの形で顧客にとって最も融通のきく銀行だった。

ジャックとぼくがスクエアのサービスについて最初に価格設定したとき、クレジットカード処理の手数料は、中小企業なら4%超だった。ぼくたちは、3%超でもいけたのに、2・75%で設定した。また他のあらゆる機関が課す取引ごとの手数料も含め、その他の手数料をすべて廃止した。その後も、条件が許す限り手数料を下げてサービスを改善してきた。

低価格vs.競合

低価格を維持するというのは、パラドックスめいているけれど、競合がきても値下げしないという結果になる場合もある。アマゾンがうちの2・75%をさらに下回る1・95%という手数料を出してきたとき、うちはそれにあわせなかった。うちの価格は、会社を維持しつつ可能な範囲ですでに最低にまで下げてあった。もっと低い手数料にできたなら、すでにそうしていただろう。世界で最も恐れられる競合からの攻撃も、その計算は変えられない。アマゾンの価格にあわせて値下げしてから、アマゾンが市場を放棄した後でそれを再び元に戻したらどうなったか考えてほしい。顧客は二度とスクエアを信用してくれなくなる。

起業的な会社は、競合ではなく顧客に注目する。競合に対抗する場合でさえ、自社の顧客に焦点をあわせた形で行う。これはサウスウエスト航空が、運賃13ドル戦争でやったようなことだ。イノベーションスタックの構築は、他の企業とはちがう値づけを可能にしてくれる。価格を改定するなら、その変化はイノベーションスタック発のものになるべきだ。低価格はその結果でしかない。

なぜ低価格？

低価格は博愛的か？　起業家は、世の中をまっとうにしたり「小者」を助けたりする動機でなければいけないのか？　これは何とも言えない。特にぼくが研究した起業家はすべて、とんでもない大金持ちになったのだから。地球上で最も豊かな人の一人なら、博愛主義も簡単だ。ジャンニーニだって、人生を通じて個人の財産を絶えず人にあげてばかりいなければ、世界最高の金持ちになっていたはずだ。だから検討のため、とりあえず起業家は全員が博愛主義ではないとしよう。これはカンプラードの政治信条からもわかる。低価格はそれでも筋が通っているだろうか？　通っている。それは三つの重要な要素がある。顧客の信頼、企業の方向性一致、競争優位だ。

低価格と顧客の信頼

信頼は貴重で繊細なものだ。信頼の評価がいかにむずかしいかを示すために、簡単な思考実験をしていただこう。あなたが自分のお金を全部預けたら、それを1年間安全に保管して、きちんと返してくれると信頼できる人は何人いるか、考えてほしい。

さて、信頼できる人としない人のちがいは？　その差は微妙なものだ。実は、その思考を説明しろと言われたら、たぶん法廷で通用するような形で説明はできないだろうし、それどころか普通の会話でも満足には説明できまい。でも、自分ではわかる。よろしい、では友人みんなを失う前に、何か他のことを考えて。

論点は単に、信頼は知り合いについてですらとらえどころがなく、微妙なものだということだ。顧客の信頼構築のための戦略は逆効果になることもあるし、信頼を要求してくる人こそ、最も信頼に値しない人だったりする。だが信頼構築の限られたツールの中で、値づけが最も強力だ。

低価格は、ブランドへの信頼を構築することで、顧客との関係を強化してくれる。初めてアメリカを横断しなければならなかった最初のときのことは忘れない——緊急事態だった——そのときサウスウエスト航空を発見したのだった。運賃はそうした状況で喜んで支払ったはずの金額の1割で、それでピピッときた。2回目に同社を使おうとしたときには、好奇心がそそられた。そうした体験をさらに1ダース積んで、ぼくは中毒になった。

逆に、顧客に選択の余地がないときには、企業はすさまじいプレミアムを課せる。顧客は支払うかもしれないけれど、その扱いは忘れない。

顧客の信頼は前章で見たように、見えない軍団を訓練して別のふるまいをさせることで生き残る、起業的な会社にとってはさらに重要だ。一貫した低価格は信頼を作る。この信頼が強ければ、顧客は別の航空チケット予約サイトを使い、何時間も旅して家具を買い、自分の貯金を新興銀行に預けもする。スクエアで新製品を発表するとき、顧客の信頼はその新しいアイデア紹介を行うための貴重な瞬間を与えてくれる。

だが信頼はたった一つの出来事で破壊される。顧客を一回だませば、その人は他に選択の余地がない場合でもなければ、二度と取引しなくなる。だからこそ、顧客の信頼を獲得して維持するため、低価格は一貫性を持たねばならない。顧客は低価格の約束を実現する5回目、あるいは50回目まで信頼してくれないかもしれない。でもいずれは信用してくれるし、そうなったら魔法が起こる。

信頼してくれる顧客は、愛してくれる顧客よりも価値が高い。愛は勝ち取ったり失ったりすることもあるけれど、信頼のチャンスは一回しかない。それは貴重な感情だ。こちらの会社を信頼する顧客は、最高の営業マンになってくれる。普通の比較なんかしないで製品を買ってくれる。最新の商品を熱心に待ちわびる。ときには開店前の店舗の前に行列したりする。そして、それをうれしいと思ってくれる。こちらの会社を愛してくれているからだ。愛は信頼の副作用だ。

低価格と企業の方向性一致

顧客の信頼以外に、低価格は企業の方向性を一致させてくれる。つまりチームの全員が同じ価値観を共有できるようになる。同僚たちが、会社が値づけにおいてあらゆる優位性につけ込んだりしていないという証拠を見れば、会社が顧客を重視しているのもわかってくれる。結局のところ、顧客につけ込む会社は通常は、まず従業員につけ込もうとするのだから。従業員は、顧客よりずっとシニカルになることも多い。彼らは毎日この会社とつきあい、したがって濫用を目にする（あるいはそれを引き起こす）可能性も高いからだ。シニカルな従業員が懐疑的な顧客に出会うと、負のきりもみ状態に陥る。

価格は文化の一部だ。ぼくが研究したあらゆる企業は、低価格を単なる計測指標としてだけでなく、顧客をどれだけ重視しているか実証するために使った。その価値が値札に反映されているのはだれにでもわかった。

世界を変える企業の経営には、何千もの従業員に何百万もの決断を下してもらう必要がある。ハーブはサウスウエスト航空の従業員が、顧客と年間2億回以上のやりとりをしていると推計している。その出会いのそれぞれは、従業員がよい決断を下すかどうかに左右され、サウスウエスト航空は1980年に文字通りルールブックを燃やして、従業員たちに強制された義務としてではなく、企業文化との方向性一致に基づいてよい決断を下すよう権限を与えた。

では、何千人もの従業員をどうやってコントロールするのか？　基本的に、コントロールしないのだ。まず彼らが信じてくれない限り、人々にまともな行動をさせるためのカメラも企業メールボットも1000ページのルーズリーフバインダーも、いくらあっても足りない。12人ほど以上になったら、コントロールは文化にかなわなくなる。そして価格はきわめて目につきやすいから、文化に巨大な影響を持つ。

製品生産コストを引き下げる方法を発明した企業を考えてみよう。選択肢は二つ。その節約分を懐に入れるか、それとも顧客と分かち合うか。企業の観点からすると、自分の懐に入れたほうがよさそうだ。でもそれだけのお金を懐に入れると、二つの危険なメッセージが従業員に発せられる。最初のものは、ヤバいぞ、この職場はガメられるものは全部ガメる会社なんだ、というものだ。もう一つのメッセージは、この会社は長期的な善意よりも短期の利益を重視する、というものだ。そういう会社の従業員は、常に転職先を考えておいたほうがいい。

サウスウエスト航空が競合のない路線の価格を下げたり、スクエアがさらに無料の機能を追加したりするとき、あるいはイケアが椅子を値下げしたりするとき、そうした行動は何千もの従業員と何百万もの顧客に見られているのだ。

低価格と競争優位

低価格は、起業的な会社を競合から守ってくれる。目先の競合がないときにも価格を抑えておくと、新規参入の余地がなくなる。価格をあらゆる市場で低くしておくと、起業家は真似っこたちがまちがいをする余地がないようにできる。

イノベーションスタックのおかげで、最寄りの競合が10ドルで売っているものの類似品を、5ドルで売れるとしよう。競合がその価格と張り合う気なら、こちらのイノベーションスタックのほとんど、いや全部をコピーするか、独自のスタックを創るしかない。13章で、これが数学的にほぼ不可能だというのを見た。10ドルから5ドルに下げるのは、一気にジャンプするにはあまりに大きな距離だ。競合のほとんどは、あっさりやめてしまうだろう。

でも同じ状況で、あなたが9ドルの値段をつけていたとしよう。最低価格ではあっても、低い価格ではない。この場合、競合はスタックの要素を一つ、二つだけコピーして、8ドルで販売できるかもしれない。もちろんこっちは対抗して7ドルに値下げできるけれど、競合はそれでも、スタックからさらにいくつかコピーして、6ドルまで下げられる。もちろん、こっちは5ドルに下げられる。でも競合は今や、価格差1ドルのところまで迫ってきたし、追いつきかねない。

あらゆる段階で「利潤最大化」を行うことで、競合がゆっくりとイノベーションスタックを真似る余地を与えてしまうことになる。13章で見た通り、要素を数個だけコピーする数学は比較的簡単だ。ゆっくりとこちらのイノベーションを複製している競合に対抗して、だんだん価格を調整すると、相手にとって楽な環境を作り出すことになる。逆に、イノベーションスタックのあらゆる効率性を低価格に反映させれば、競合はすべてを一度にやらざるを得ず、おそらく逃げ出すか失敗する。

ちょっと待った、まだあるんです

低価格を含むイノベーションスタックは、自己強化的な正の循環を作り出す。競合に走らない顧客はみんな、貴重なリソースだ。その人々のフィードバックはすべてこちらに戻ってきて、イノベーションスタックの成長に貢献してくれる。低価格とそれが生み出す信頼は、そうした顧客がこちらから離れない主要な理由だ。市場を独占するというのは、他所に買いに行けない／行かない囲い込まれた顧客集団を持つという話をはるかに超えるものだ。そうした多くの顧客との相互作用は、インスピレーションとイノベーションの源泉であり、何十年にもわたりリードを維持するのに役立ってくれる。

いくつか反面教師を

低価格が競争優位を作り出すかどうか、というより温存するかどうかを評価する最高の方法は、それを企業が放棄したときに何が起こるかを見ることだ。彼らにとっては不幸なことだが、この質問に答えるにはありがたいこととして、本書で研究した企業の二つは、今や低価格を放棄した。

バンク・オブ・イタリーは後にバンク・オブ・アメリカになり、ジャンニーニ存命中は他の銀行に対してすさまじい優位性を保っていた。ジャンニーニ以後、銀行はその顧客に背を向け始め、特に価格面でそれが顕著になった。執筆時点で、バンク・オブ・アメリカはアメリカで最も嫌われている企業の第2位だ。[92] その得意技は、小規模顧客に当座借越《かりこし》（過剰引き出し）などちょっとした違反事項について、すさまじい罰金をかけることだ。[93]

　サウスウエスト航空は、２００８年にハーブ引退とほぼ時を同じくして低価格を放棄した。その後5年にわたり、他のキャリアが年平均8％で価格を上げていた時期に、サウスウエスト航空の価格は30％以上も上がった。この値上げの後で、サウスウエスト航空の価格は競合に比べて17％から１４５％も高くなった。[94] ２０１８年には、サウスウエスト航空はアメリカン航空、デルタ航空、ユナイテッド航空と並んで、アメリカ司法省から価格談合訴訟を受けて、示談にした。

　サウスウエスト航空の値づけ変更で、業界での競争的立場も変わっただろうか？　結果を見てみよう。ハーブ在職中にサウスウエスト航空と競争しようとしたＬＣＣは22社あったが、[95] ジェットブルー以外は全部破綻した（ジェットブルーも低価格を採用し、全国で最も忙しい都市で特別着陸許可をもらい、[96] 独自のイノベーションスタックを持っていた）。低価格はサウスウエスト航空を40年にわたり守ってくれたのだった。

　だがサウスウエスト航空が２００８年に低価格を放棄してから、今やサウスウエスト航空と競合する新規の航空会社は5社もあり、どれも10年たっても成功している。[97] ハーブ引退後にいろいろ変わったにはちがいないけれど、ぼくが顧客として認識した唯一の変化は、サウスウエスト航空がもはや確実に低価格を与えてくれないということだ。アメリカン航空がサウスウエスト航空よりも低価格を提供しているのを初めて見つけたときのことは忘れない。最初、その値段はまたもや、アメリカン航空の不安定さで悪名高い予約システム[98]のバグだろうと思ったけれど、やがてパターンは明確になってきた。20年にわたりサウスウエスト航空を信じ続けたのに、その信頼は頭上の手荷物収納スペースのように消えうせてしまった。

サウスウエスト航空は今でも立派な会社で、元のイノベーションスタックもかなり残っている。またすさまじい規模の経済も有しているから、まだ経営も盤石だ。でもサウスウエスト航空が今も最高の低価格航空会社だったなら、他のキャリアで生き残っているものがどれだけ

92 Samuel Stebbins et al., "America's Most Hated Companies," 24/7 Wall St., January 10, 2017.
93 Ryan Grenoble, "Bank of America's Poorest Customers to Be Charged for Checking," *Huffington Post*, January 24, 2018.
94 Bill McGee, "RIP to the 'Southwest Effect'"? *USA Today*, May 19, 2014.
95 エア・フロリダ、エアトラン、ATA、フーターズエア、インディペンデンスエア、メトロジェット、ミッドウェイ、ナショナル、パシフィック・サウスウエスト、パールエア、ピープルエクスプレス、セーフエア、スカイバス、スカイバリュー、ソング、サウスイースト、ストリームラインエア、テッド、タワーエア、バリュージェット、ヴァンガード、ウェスタンパシフィック航空。
96 ジェットブルーは創業年にJFKで発着スロットを75個もらい、巨大な市場優位を得た。
97 アレジアント、フロンティア、ジェットブルー、スピリット航空。ヴァージンアメリカも成功していたがアラスカ航空に買収された。
98 セイバー（Sabre）、「半自動化ビジネス研究環境」の略だ。いやあ、見事なまでの壮絶さ。

あっただろう、と思ってしまうのだ。これについては本当にハーブに尋ねたかったのだけれど、最初の訪問時には度胸がなかった。これだけ時間をたっぷり割いてくれた人に失礼かと思ったからだ。悲しいかな、このまちがいを訂正できる前に、ハーブは死んだ。読者とハーブの双方にお詫びする。

イケアは、最近創業者が死んだのに、低価格哲学を放棄する様子はかけらも見せていない。おそらくそのせいもあってか、今や世界中の家具市場を制圧している。競争のやたらに激しい中国ですら、イケアの価格と品質の足下にすら及ぶ店舗はない。

起業的な会社が哲学としての低価格を放棄すると、しばらくは儲けが増える。そうしたすさまじい利潤は、新規の競合に注目され、その新規の競合を支えられるだけのお金が市場にあれば、最初の企業はもはや市場も顧客も独占できなくなる。新規の競合が価格競争をする余裕があるなら、顧客の信頼もすぐに失われてしまうから、ダブルパンチをくらうことになる。

どこまで下げる?

万人が他の人をコピーする市場では、低価格をいじる余地はあまりない。一時的に優位に立っても、競合はすぐにこちらをコピーして追いつくから、そのはかない一時的な儲けを持って、銀行に預けておくのがいいかもしれない。[99]

でもイノベーションスタックを持てば、起業的な会社は低価格を持つ柔軟性が得られる。イノベーションスタックは、生産費用と顧客が考える製品価値との間に大きな差を作り出す。経済学者はこの差を「余剰価値」と呼び、それは顧客の理論的な支払い意思額の上限となる。価格を調整すればこの「余剰価値」は簡単に細くできる。顧客がもっと高いお金を払ってくれるなら、値段を上げてもいいじゃないか。

実は、ビジネススクールでまっ先に習うことの一つは、こうした価格調整をどれだけ効率的に行うかということだ。こうした行動は通常の会社では筋が通っていても、起業家にとってはまちがいだ。が、考えてみれば、研究対象の起業家は一人としてビジネススクールなんかに通ってはいないし、みんな価格を抑える道を選んだ。ここはハーブに締めてもらおう。

「うちは他の会社みたいに売上最大化なんてやろうとしたことはないんだ。なんかエラそうな雑誌のインタビューを受けたんだが、そいつらが言うんだ。『どうやって売上を最大化するんですか?』だから『しないよ』と答えた。そいつは『売上最大化を目指して頑張らないんですか?』と言う。だから言ってやったよ。『絶対しない。うちは業界で圧倒的に低い経費を持ちえる。売上を最大化しようとしたら、最強で最も鋭利な競争の武器を手放すことになるだろう。その武器とは、低い費用のおかげで低運賃にできるという事実のことなんだ』」

99 そうそう、その銀行がバンク・オブ・アメリカなら、最低口座残高を割らないように気をつけて。さもないと毎月手数料を引かれてお金がみるみる消えるよ。

ハーブは特に、サウスウエスト航空の価格設定は、低い価格を維持しつつも競合に対抗しないという方針に基づいているのだと熱心に説明してくれた。

「システム内のあちこちで、競合の量に応じてちがう運賃を課したら、そいつらに対抗していることになって、唯一無二の低価格航空会社というブランドをぶっ潰すことになってしまう」

第16章　破壊の破壊

本書の冒頭でぼくは、コピーこそ世界最強の力だという主張をした。人はあまりにコピーに傾倒しているので、それは人類で最もイノベーティブな組織にも侵入してしまう。これは自称革新的思考のハブであるシリコンバレーも例外ではない。もちろんシリコンバレーで真似っこを自称する人はいない。みんな破壊者を自称する。

破壊に献身している人々、システムのまさに打倒を目指す人々が、実はコピーしているだなんて、なぜ言えるんだろうか? それは注目点のせいだ。もし何かの破壊が目標なら、少なくとも破壊するはずの対象がわかっている必要がある。でも破壊したい産業を単に見るだけでも、それを無数の形で模倣するようになってしまう。皮肉なことに、破壊に注力すると、頭がコピーに支配されてしまう。ボールは視線の方向に動くのだ。

スクエアでは、支払い産業からの人間は何年も雇わないようにした。いや実は、事業開始の最初の週に、コンサルティングをしてあげようという支払い専門家を見つけたのだけれど、その関係はほぼ一瞬で切った。彼のアドバイスはぼくたちがコピーを避けたいと思っていた産業そのものだったし、自分たちのやりたくないことをどうやるのか、お金を払って説明してもらうのはバカげて思えた。その後数年、支払いDNAを持つ人間を会社に一人も入れないようにした。おかげで、構築したい新しいものについて自由に考えられるようになり、それがこれまでどう行われてきたか気にせずにすむようになった。

3年前に本書を書き始めて、ぼくは即座にあらゆるノンフィクションを読むのをやめた。[100]単に、なにかすごい本を読んでしまい、すでに行われたことのほうに思考が嫌でも向かわされてしまうのではと怖かったのだ。その反応が無意識のものだったとしても。独自の考えを本当に述べるための機会に対して、知的検疫という代償を支払わねばならなかったということだ。

新たな死語

破壊（Disruption）はもはや、起業家精神と同じくらい、概念としてすり切れてしまっている。この二つの単語は、リハビリセンターで同じ部屋に入っていてもいいくらいだ。クレイトン・クリステンセンが破壊というコンセプトを1997年に広めたときには、新しくておもしろい考え方だった。だがクリステンセンが当初破壊的イノベーションと呼んだものは、今や短縮されてただの破壊になり、その過度の単純化はすさまじい。

20年たって、破壊はビジネス界の高果糖コーンシロップとなり、従属性というお馴染みの味わいをごまかすために、売り込み文句にふりかけられ、キーノートスピーチに注入される代物と成りはてた。シリコンバレーでは今や、単に「破壊」と名付けられた年次会議が開かれる。ぼくは毎月のように、何か既存産業の経済性を破壊しようと願うスタートアップの売り込みを聞かされる。こうした売り込みの中に隠れているのは――しかも上手に隠れていることも多い――経済の見えざる手がリソースを再分配して、みんなこの殺戮の後で豊かになり、もっと効率的な世界を享受できるのだ、という含意だ。でも必ずしもそうなるとは限らない。

クレイグスリストはまちがいなく新聞の売ります買います広告を破壊した。これは新聞の大きな収入源だった。新聞はニュース収集活動を減らすことで対応した――全体としてみんなのために警戒の目を光らせていた記者たちをクビにしたのだ。こうした失業記者たちがまだ活動していたら、どれだけ多くのスキャンダルが暴かれたことだろうか？[101] わかるものか。破壊は常にいいこととは限らない。

でも破壊のもっと危険な側面は、その後ろ向きの目線だ。最低価格を持つというのは、顧客

100 唯一の例外は、ジョン・ドーアのOKRに関するすごい本『*Measure What Matters*（メジャー・ホワット・マターズ）』（日本経済新聞出版社）を読んだことだ。新会社の経営にOKRを使うからだ。
101 これはぼくの最新の完璧な問題だ。invisibly.comを見てくれ。うまく行くか、見当もつかない。

ではなく競合を見るということだった。それと同じで、破壊をありがたがるのは、何やら解体または破壊されねばならない古い仕組みに注目するということだ。確かに、既存システムの一部は破壊ボールをぶつけてやるべきだけれど、既存企業の破壊を起業の焦点にすると、イノベーションの創造的な可能性から注意が逸れる。別のやり方がある。

歴史の偉大な起業家を研究する中で、ぼくは大量の破壊と殲滅《せんめつ》が見られると思っていた。でも見つかったのはむしろ、はるかに前向きなものだった。起業ベンチャーの大半は、既存ビジネスから顧客を奪ったりしなかった。むしろ市場に新しい人々をもたらした。楽観性、イノベーション、包摂性こそが、市場を拡大する人々のバズワードだ。破壊こそ破壊されねばならない。

破壊＝不可解

ジャックとぼくは当初、クレジットカード利用のピラミッドの下に、新しい底辺を作ろうという目標から始めた。これをタイプしている現在、スクエアの商人たちは、クレジットカードを受け付けるアメリカ企業のかなりの比率を占める。そして、はい、あのレモネード屋台や友人ボブもそこに入ってます。でも既存商人やそのクレジットカードプロバイダにとって、スクエアは驚くほどわずかしか破壊していない。いや、何の破壊も受けていないのだ。10年で、スクエアとその顧客はピラミッドの下に新しい基礎を作り出したのに、シリコンバレーでは破壊的企業だと褒められる。えーと、うちは何を破壊したんでしたっけ？

2009年にスクエアが市場参入したとき、ハートランド支払いシステム社は、市場最大のデータ漏洩《ろうえい》を引き起こして、なんとか切り抜けたものの倒産寸前だった。10年後の今、ハートランド社はまだあるし、ぼくたちが創業したときに存在していた他の大手クレジットカード処理企業もすべて健在だ。確かに、そうした会社の一部は合併したり買収されたりしたけれど、そういうのはクレジットカード業界の誕生以来ずっと続いてきたことだ。ある意味で、ぼくたちの直接の競合はペイパルだ。でもペイパルも、ぼくたちの創業時に比べて何倍の規模にもなっている。で、もう一度お尋ねしますが、うちは何を破壊したんでしたっけ？

市場規模は？

イギリスの海岸線の長さは？　この有名な質問への答えはもちろん、測り方による、というものだ。[102] 市場は無限だ。有限に見えるとすれば、それはこちらが既存市場の偏見を導入しているからという可能性が高い。既存市場の範囲内で見れば、壁は堅牢で市場は有限に見える。こうした思考は後から思えばバカげて思えるけれど、そのときは確固たるものに感じられる。

102　B. Mandelbrot (1967). "How long is the coast of Britain? Statistical self- similarity and fractional dimension." *Science* 156(3775): 636– 38.

イノベーションと起業家精神を加えれば、壁は地平線となる。

サウスウエスト航空創業時の既存の「叡智」は、飛行機に乗りたがるのは金持ちだけ、というものだった。もちろん当時、飛行機であちこちに行けたのは金持ちだけだった。でもだからといって、一般人が地上を這いずるのが好きだったということにはならない。Tシャツ姿の破壊者たちの考えるべきもっと大きな問題はこれだ。サウスウエスト航空が新しい乗客を空にもたらしたことで、他のキャリアは破壊されたか？

旧共産ブロックは例外かもしれないけれど、航空会社ほど派手な破壊に遭遇してきた市場はない。サウスウエスト航空の創業以来、アメリカでは航空会社の倒産がおよそ200件あった。でもその破壊を招いたのはサウスウエスト航空か？　おもしろいことに、正反対かもしれない。サウスウエスト航空の成功は、一部の他の航空会社を救ったかもしれないのだ。

ハーブ・ケレハー訪問のとき、彼は誇らしげに、サウスウエスト航空が他の航空会社を廃業させるどころか、総旅客数を増やしたのだと指摘した。「1971年にうちがダラス＝ヒューストン路線に参入したとき、それはアメリカで34位の路線だった。そこで1年営業したら、それが全米5位になったよ。言い換えると、これまで飛行機に乗らなかった人を、うちは初めて飛行機に乗せたってことだ。でも驚異的なこととして、その路線の他のキャリアも旅客数を増・・・・・・・・・・・・・やしたんだ。だれからもお客を奪っていない。市場を拡大してあげたんだ」。そしてその影響はダラス＝ヒューストン路線だけにとどまらない。ハーブによると「うちが新都市に参入すると、旅客は1年で272%増えるんだ」

でもサウスウエスト航空が航空旅行にとってそんなによいものなら、なぜTWA、パンナム、ブラニフ、ユナイテッド、コンチネンタル、ノースウエスト、USエアウェイズなど200もの航空会社は倒産に陥ったんだろうか? 最高の説明は、サウスウエスト航空ではなく、規制緩和だ。政府が1978年に航空旅行の規制緩和をしたら、御大尽旅行は煽り運転のバイク並みに急停止してしまった。

言い換えると、他の航空会社を破壊したのはサウスウエスト航空の市場参入ではなく、市場から40年分の政府保護を取りのぞいたことだった。だからこそ、サウスウエスト航空と直接競争したことのないパンナムのような国際キャリアが永久着陸してしまったわけだ。

イケアは家具市場を破壊したか? ここでもデータを見ると話はちがう。ありがたいことに2015年にイケアは韓国初の店舗を開店し、見事なテストケースを提供してくれる。イケアが初の店舗を開店したとき、韓国の地元家具屋ハンセムとイルームの売上も増えた。中には10%も売上が増えたところもある。それどころか、20年にわたり横ばいだった韓国家具市場は、イケアが到来した年には空前の7%成長を記録したのだ。[103] 破壊はあったか? 確かに多くの韓国家具企業は消えた。2011年から2016年にかけ

[103] "Two Years On, Ikea Korea Impact Gauged," December 16, 2016, InsideRetail.asia.

て半減している。でもこの凋落は、イケアが市場参入する4年前から始まっている。だからこうした変化をスウェーデンの巨人のせいにするのはむずかしい。

ぼくが検討した企業の中で既存市場を破壊したところがあるとすれば、バンク・オブ・イタリーだけだ。今日の銀行業と思われているものは、おおむねA・P・ジャンニーニたちが発明したものだ。そのモデルは銀行業界を完全に支配したので、やがてその他あらゆる銀行がそれを真似た。この変身は何十年もかかり、選ばれた少数者だけに奉仕する古い銀行モデルはほぼ終わったと言っても過言ではないだろう。でも個別銀行自体は健在だ。ニューヨーク銀行、チェイス、シティバンク、シティズンズ、フィフスサード、ゴールドマンサックス、ハンコック、ラザード、M&T、メロン、ノーザントラスト、オッペンハイマー、PNC、リージョンズ、ウェルズファーゴはみんな1世紀以上続いている。

破壊は悪いことか？　それ自体は悪くない。でも破壊はまた、よい起業家の関心事だったこともない。本書で描いた起業家は、創るのを目指したのであって、破壊を目指していない。破壊に注目するのは、過去を振り返ってばかりということだ。でも完璧な問題を解決したり、市場を拡大したりするなら、その産業を研究したほうがいいのでは？　いいや。顧客を見よう。というか、潜在的な顧客と言うべきだな。その人たちはまだ、こちらの製品やサービスが可能だとすら思っていないんだから。

小説家ウィリアム・ギブスンの有名な洞察に「未来はすでに到来している――ただ分配が不

均等なだけだ」というのがある。この状況は不公平に思えるけれど、ギブスンの言葉は希望に満ちた約束を含んでいる。最新のかっこいいモノを享受する人はわずかだけれど、いずれ未来はそれを万人に提供してくれるのだ。でもそれを届けてくれるのはだれ？

その未来を届けるのが起業家だ。彼らが構築する企業は破壊者ではない。未来の自分のかけらを待つ人々のための、市場拡大者なのだ。

破壊が起こったとしても、それはただの副作用だ。起業家の焦点は、融資を受けられない人々、旅行できない人々、家具調度のない人々、支払いを受けられない人々だ。起業家が注目するのは、壁の向こうの地平線だ。既存の仕組みをチラ見するにしても、それはコピーしたり破壊したりするためじゃない。他にどんなに多くのことができるかを見るためだけなのだ。

第17章　どんな気分？

人は人生のほとんどを、他人が作った解決策に限定されて過ごす。未解決の問題を、解決不能だと思ってしまう。でもこれはまちがっている。本書の狙いは、これまで行われたことに自分を限定しなくていいのだと示すことだ。起業家にはなれる。でもそれは変な気分のはずだ。だから本章では、それがぼくにとってどんな気分かを論じることで、その不穏な気持ちの一部について心の準備を整えてあげよう。

気分は深く個人的なものだから、それを研究するのはむずかしい。幸運なことに、ハーブ・ケレハーには会えて、この本のインスピレーションの相当部分がもらえた。でもハーブのような起業家は珍しいので、他のガイドたちは歴史のページ越しに会えただけだ。こうした歴史はおおむね、立派な事業統計と、たまにおもしろい物語で構成されている。A・P・ジャンニーニと——あるいはサム・ウォルトン（ウォルマートの創業者）やアンドリュー・カーネギーと——

1時間でいいから会えたらよかったと思う。そのときに尋ねるのは、どうやったか、ではない。どんな気分だったか、だ。

気分は、仕方ないとはいえ歴史記録からは欠けている。これはまったく当然だ。感情はアメリカ人ならあまり口に出さないし、ほとんどのインタビューは、起業家が大成功した後にしか行われない。どっかの記者がこんなことを言うのはなかなか想像できない。「さて、世界最強の人物の一人となったところで、あなたの内なる子供についてお話しいただけますか?」

でも、ぼくはそれがずっと知りたかった! どんな気分だった? 怖かった? なぜやめなかったの? メンターに尋ねたかったけれど、ぼくが生まれる前に身勝手にも死んでいる。それでもいいので尋ねてみた。

謙虚さ

A・P・ジャンニーニなんて初耳なのは、彼の生き様や業績のせいではない。彼の死に様のせいと、彼がやらなかったことのせいだ。この人物は燃えさかる無法都市に入って、馬車2台に黄金を山積みして戻ってきた。売上を立てるために川を泳いだ。見た目も、指導力も、暮らしもスーパーヒーローだ。さらに華々しい台詞のコツも心得ている。かつて「だれしも財産を所有したりはしない。財産がその人物を所有するのだ」と述べている。実は、A・P・ジャンニーニの台詞のほとんどは大理石に刻む碑文にすべきものだ。でも、そういう大理石に唯一見つからないものがある。彼の名前だ。ジャンニーニはとんでもなく謙虚だったのだ。

　A・P・ジャンニーニは、巨大な財団を作ったりしなかったし、莫大な遺産も遺さなかった。世界最大の銀行を築いたのに、ドアに名前も表示しなかった。[104] 1945年に引退すると、A・Pは財産の半分を医学研究に寄贈し、残りはバンク・オブ・アメリカ従業員の奨学金にした。A・Pは「自分がいなくなってだれかが使うためにお金を貯め込むなんて変だろう」と語った。1949年に死んだときの遺産はわずか43万9278ドル、同輩たちに比べればスズメの涙だ。死ぬまで慎ましかった。

　ジャンニーニは世界最大の財産を貯め込むこともできたけれど、億万長者に決してならない道を選んだ。一般人たちとは隔絶した暮らしも送れたのに、まさにその正反対をやった。成功について自慢できたのに、スポットライトを避けた。このふるまいを見て、ぼくは「起業家精神」に比べてあまりに使われずにいるある単語を思い出した。謙虚さだ。

　謙虚さは、どこにでもあるのに目につかない奇妙な存在だ。だれかが顔を真っ赤にして「自分こそいちばん謙虚だ！」と言うのにお目にかかったりはしない。謙虚さは目立たないけれど、探せば目の前にある。それはジャンニーニの「我々は、どんなに少額だろうと貯金を定期的に預金してくれる賃金労働者やビジネスマンを、当行にとって最も価値ある顧客と考える」という台詞だ。貧しいイタリアの労働者の家で、なぜ金持ちしか美しいものが持てないのかと考えるカンプラードだ。サウスウエスト航空の低運賃のおかげで孫がおじいちゃんおばあちゃんを訪ねられるのがうれしいと述べるケレハーだ。こうした偉大な起業家と、仲間の人間たちとのつながりなのだ。

謙虚さと臆面のなさは仲間だ。何かを知らないと認めれば、心は既知の世界の制約から解放される。実際に何か新しいことをやるには、まず自分のソリューションがうまく行かないかもしれないと認める謙虚さが必要で、それでもやってみるだけの臆面のなさが必要だ。傲慢さと自信過剰は、解決済みの問題の世界に人々を閉じ込める。だれも起業家になる「公式の」資格なんかない。

謙虚さは、未知へのあの第一歩を踏み出せるようにしてくれる。

恐怖

みんな独立独歩をほめそやすけれど、それでも人間は群居生物だ。視野の周縁部は絶えず、自分がまわりの人々とそんなにちがう行動をしていないか確認している。生物種として、他人と同じ行動をしていると安全だと感じる。当然ながら、あまりにちがった行動をしていると、

104 バンク・オブ・アメリカの支店は、支店長以下役職者たちが顧客といっしょにすわるので有名だった。

怖くなる。少なくともぼくはそうだ。

恐怖に直面しても大胆に、なんてことが言われる。本当なのかもしれないし、カッコよく見せるために話を盛っているのかもしれない。どっちにしても、このぼくは恐れ知らずになる方法はまったく身につけられていない。でも、怖いときでもうまくやっていく方法は学んだ。実は、手に汗握らなければおそらくできない仕事もいくつかある。

これが単なるビジネス書なら、大胆に競合他社をコピーして、群衆がゆっくりと追随する、なんて話をしてもいいだろう。でもこれは起業家精神についての本だ。本書に書かれた活動を試したりすれば、あなたの会社（カンパニー）には仲間（カンパニー）がだれもいなくなる。イノベーションを興せば、群衆の安心感は失うし、それは怖い。その怖さに対処する方法を学ぼう。

恐れるな、なんて言わない。今言った通り、自分でもそんな方法は知らない。怖くても仕事をこなす方法は学んだし、それで十分らしい。信じられないかもしれないけれど、恐怖は、きちんと扱えば、大きな利点にもなる。ベッドの下に恐い化け物がいるなら、そこにいる間に掃除くらいしてもらおう。

恐怖と学習

目隠しされて車の後ろに放り込まれた最後のときには、あまり怖くなかった。目隠ししたのは弟だったし、運転しているのはパパだった。いっしょに友達や親戚も何人か詰め込まれていた。恐怖が始まったのは、目隠しが取られたときだった。ぼくは滑走路に立っていて、小型飛行機と、離陸準備の整った飛行指導教官がそこにいたのだ。「乗りなさい、飛行機操縦を習うんだ」

昔から飛行機は怖くて、特に小型機は怖かった。でも家族全員が見ていたから、嫌とは言えなかった。[105]離陸した、その後30分にわたり、エンジンが今にも止まって、教官がいきなり脳卒中を起こすだろうと恐れ続けていた。着陸後に、家族全員がお金を出し合って操縦訓練を受けさせたのだと知った。つまり飛行機の操縦を学んだけれど、その間ずっとビビリ続けていたわけだ。

ある技能をビビリ状態で学んでよいことは、その技能が本当に身につくということだ。今や15年も操縦しているけれど、コクピットに入って多少なりとも怖くなかったときは一度もないと思う。その恐怖が実現したときが2回あった。どちらの場合も、一連の作業をきわめてすばやくこなさねばならず、どちらの場合もぼくは死を恐れた。でもここでよい報せだ。怖がっているときに学んだ技能は、怖がっているときに実践するのがとても簡単なのだ。ぼくは、切迫

105 祖父と叔父はパイロットだったけれど、GPSと気象レーダー以前の時代のことだ。

状態での飛行機の扱いに馴染みがある。それ以外の状態で飛んだことがないからだ。

恐いときには二つの対応があり得る。凍り付くか、行動するか。凍り付かないように。コクピットで凍り付いたら確実に死ぬ。だから操縦訓練で教える重要なことの一つは、とにかく飛行機を飛ばし続けろということだ。[106] でも凍り付かない限り、恐怖は友達だ。恐怖はすばらしい動機を与えてくれる。

「なじんだ場所に安住するな」というアドバイスはあまりに多用されていて、ほとんど無意味になっている。「なじんだ場所」というのは「これはいいお触りだけどアレはダメなお触りよ」みたいな会話に出てきそうな、妖しい用語みたいだから、こう言うにとどめよう。不安になじめ。恐怖と不安がどんなものか慣れろ。こう考えてほしい。だれもやったことのない何かをするなら、その活動自体のリハーサルは不可能だ。でもたぶんやるときには不安になるから、その部分くらいは練習しておこう。

練習の状況は、別に命がけでなくてもいい。ぼくは見知らぬ人に向かって話をすることで練習している。人口の半分はこれが苦手だ。そして、その不安の強さは見知らぬ相手の数を増やすことで調整できる。確かに今のぼくは、人前で講演をたくさんやる。でも昔は人前に出てあまりに緊張しすぎ、文字通り壇上で凍り付いてしまった。一言も言えず、唾液腺がなぜか掌に移住した。手は汗だらけ、口はカラカラ。観客席からだれかが壇上に上がってきて、退場を手伝ってくれた。今や人前での講演をやりすぎたくらいで、もう楽しくなってきている。でもいまだに手は汗ばむ。[107]

それが起業家と何の関係があるのか？　恐怖はイノベーションの一部だ。それは自分が安全な場所にいると確認できないときの、自然で適切な反応だ。そして真にイノベーションを行うときのフィードバックに対する準備を完全にするのは不可能だけれど、少なくともその気分については準備ができる。

フィードバック

起業家は恐怖が伴侶なだけじゃない。ときには恐怖しかない。[108]　フィードバック、特にプラスのフィードバックは、イノベーションよりずっと遅れてしかやってこない。言い換えると、何か本当に革新的なことをやっていても、その裏付けがほしいときにはほぼ常に、そんな裏付けが得られないということだ。たくさんのプラスのフィードバックばかりに慣れているなら、

106　もう一つ教わった大きな点は、身体を無視しろということだ。雲の中のパイロットたちは、いろいろ奇妙で不正確な気分になる。実際には上昇していて失速寸前なのに、急降下しているような気分になる。パイロットたちは何百時間もかけて、身体を無視して訓練を信じるよう学ぶ。

107　熱いガラスでの作業も似ている。ある動きができるのは一瞬しかなく、それを逃したら二度とできない。その瞬間が近づくと、不安になる。講演でも不安になる。飛行機操縦でも不安になる。妻が「ちょっと話があるの」と言うと不安になる。いやはや、留守録が5件入っているだけでも不安になるよ。

108　厳密な裏付けデータはない。驚異的なことをしている人々との30年にわたる率直な会話だけだ。

イノベーションは無響室に入るような気分にさせられるはずだ。何も反響がない不気味さで、発狂してしまう人さえいる。

当初の気分は忘れやすい。特に最終的になんとか道を見つけられたときには。左の意思決定ツリーを考えてほしい。b地点にいて振り返れば、自分が選んだ道は明らかだ。でもa地点で道を知らなければ、どの予測も当てずっぽうだ。

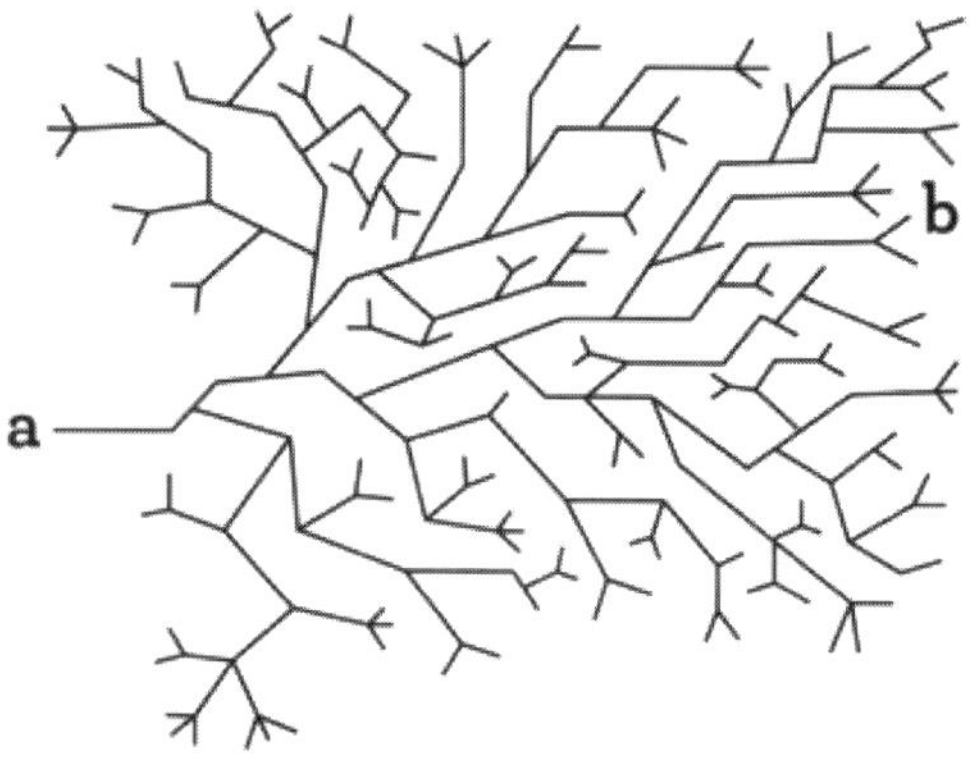

成功した起業家に人々が投げかける賞賛や崇拝が、すべて彼らの成功後にしかやってこないというのは残酷なまでに皮肉だ。まるで銃で撃たれた後の快癒祝いに防弾チョッキをもらうようなものだ。

イノベーションの量

意識面での最大の課題は、その旅がいつまで続くのか、いやこの旅に果てがそもそもあるのかさえ見当もつかないということかもしれない。ここで何かすごい洞察でもあればと思うけれど、せいぜい言えるのは、毎回何か真に新しいものを構築し始めるたびに、それまでのときとまったく同じくらい不安になるということだ。過去の成功は単に頭の中の声を増幅するだけ。その声はこう言う。「今、先に出ているうちにやめちまえ、全部ツキでしかなかったとバレる前に」

本書でイノベーションという言葉を200回以上使ったけれど、常に質量名詞として使っている。セメントと同じだ。「もう一つセメントを使わないとビルが倒れる」なんてことは絶対に言わない。願わくば、イノベーションの相互接続性を理解するようにみなさんを仕込みたい。あるイノベーションが以前のイノベーションから生じ、そして続くイノベーションの必然性をもたらすのだということをわかってほしい。スタックの要素の相互接続に気がつくように訓練を積めば、他の人が見逃しているものが見えるようになる。搭乗方法を変えると、パイロットにも、チケットにも、予約、シート、空港、飛行機、機内食などにどう影響するかもわかる。こういう考え方をすると、自分の道が群れから離れてしまう恐ろしい瞬間についても心の準備ができる。イノベーションは強力な重さを持つし、強力な混乱でもある。

そう、イノベーションというのは、ソリューションをコピーしたり、単発の発明をいくつか生んだりするよりはむずかしい。でも競合にも簡単にはコピーされなくなる。そう、そのプロセスがいつまでかかるかは知りようがない。でも探検は観光より楽しい。そう、成功の保証はないけれど、それだけ成功は楽しくなる。そう、作り出す新市場を満足させるだけの成長をもたらすために、えらく圧力を受けるけれど、でもその市場は独占できる。そう、価格を抑えないとダメだけれど、競合は何十年も寄せ付けないですむ。

不快感になじんで、進み続けよう。

専門家というおとぎ話

起業家精神に伴う別の気分は、少なくともぼくの場合には、目先の作業をこなす能力が自分にはまったくないという気分だ。コピーしたいという衝動と密接に関係しているのは、専門技能崇拝だ。結局のところ、専門家というのはこちらがコピーしたいと思うだれかのことだ。でも専門家は城壁都市の内側にしかいない。というのも専門家は既知のもののためにしか存在しないからだ。王様は称号を与えてくれるかもしれないけれど、でもオシッコしたくなったら、授賞式で死ぬ羽目になる。[109] 城壁の外には専門家なんかいない。生き残りと骨だけ。

狙いが既存ビジネスの段階的な改善なら、そのビジネス分野での専門性は確かに価値がある。改善は、臆面なきイノベーションよりは失敗確率がはるかに低い。そして専門性は資金がつく。繰り返そうとしていることに何年もの経験があるなら、その会社に投資しようという気にもなる。でもコピーするのでなければ? 専門家なんてあり得るのか?

弁護士は航空会社経営の資格があるのか? ガラス吹きやマッサージセラピストは、支払い企業を経営する資格があるのか? 商品貿易商は銀行運営の資格があるのか? 17歳だと何の資格があるのか?[110]「世界最大の銀行を構築してほしいので、人事部にレタス商人1ダースほどとの面接を手配させろ」なんていうCEOが想像できるだろうか?

しばしば、何か新しいものを作りたいけれど、十分な技能がないと思っている人に出くわす。その主張は正しいけれど、完全じゃない。同じ技能不足は地球上の全員に当てはまる。世界最高のイノベーターたちが、自分と同じように、その活動に正式な資格なんか何一つ持っていない人だと気がつけば、完璧な問題の宇宙が花開く。イノベーションに専門家なんかいない。

109 有名な天文学者ティコ・ブラーエは、晩餐会を王様より先に立ち去れず、膀胱破裂で死んだ。
110 カンプラードはイケア創業時には若すぎて、登記書類には大人の署名が必要だった。

専門性崇拝の問題は、「もしこれについてもう少し知識があれば……」という一節に続く、沈黙の言い逃れなのだ。人々は、その心乱れる続きを口にしようともしない。もし口にしたら、それはこうなる。「……だからやらないでおこう」。ぼくはみんなに「……でも成功すればその知識は手に入る」と思ってほしい。

起業家になる資格なんかないと感じるだろうか？　みんなそうだ。資格なんて成功体験からしかこないし、成功体験は定義からして、未解決の問題には存在し得ない。資格が重要なのはコピーの世界だけで、起業家精神の世界では関係ない。資格ができるのを待っていたら、すでに行われたことの資格しか手に入らない。

でも専門性が起業家精神の前提条件でないなら、何か重要な資質はあるんだろうか？　起業家は、城壁の外でも繁栄できるような特別な性質を持っているんだろうか？　もし十分に頑固なら、その性質を学んだりできるだろうか？

頑固さ

研究したすべての起業家の中で、どうも最も共通性のある資質はこだわりらしい。こだわりは、しばしば頑固さという形であらわれる。

かつてジャンニーニ曰く「政治家には3種類しかいない。説得できる人、脅せる人、買収できる人」[111]。ジャンニーニの行く手を阻む人は、友人になるか、脅されるか、買収されるけれど、でもみんな道を空けることにはなる。

インタビュー中に自分がいかに偉大な闘士だったかを認めるには謙虚すぎたけれど、ハーブ・ケレハーはまちがいなくジャンニーニの闘志を持っていた。証拠がほしければ、1969年を見よう。サウスウエスト航空はお金もなく、絶望的なまでに裁判漬けになっていた。ハーブは経営会議にこう言った。「紳士諸君、もう一巡だけ連中につきあおう。法廷では私が弁護を続けるし、弁護士費用はすべて先送りして、法廷の経費はすべて自腹で払う」[112]。そしてハーブは実に壮絶な法廷闘争を展開したので、地元新聞はひたすらおもしろいから傍聴に行けと勧めたほどだ。

起業的な頑固さはダイナミックだ。変化を拒絶する頑固さもあるし、行動し続ける頑固さもある。単に自分は正しいと確信するだけでなく、前進する勢いだ。でもそのエネルギーはどこからくるんだろう？　答えはそもそもの出発点に戻ってくる。完璧な問題だ。自分が深く気に掛けているものだ。

111 *The Saturday Evening Post*, December 4, 1947, p.131.
112 Kevin Freiberg and Jackie Freiberg. *Nuts!: Southwest Airlines' Crazy Recipe for Business and Personal Success* (New York: Crown, 1998), pp. 17-18. 邦訳フライバーグ他『破天荒！　サウスウエスト航空——驚愕の経営』（小幡照雄訳、日経BP、1997), p.33.

完璧な問題

都市を離れることにしたり、理由はどうあれ城壁の外に来てしまったりしたら、先に進み続けようと思わせるものは何だろうか? やめろと告げるあらゆる兆候を無視し続けられるだろうか? 本当に気に掛けている何かがあるだろうか? たぶんそれはお金や名声じゃない。

お金や名声は動機としては弱い。この両者が過大評価されがちなのは、計測しやすいからだ。眺めは内側からより外側からのほうがいい。尺度は無限大まで続くけれど、でも収益性は逓減して、ときにはマイナスにさえなる。金持ちになりすぎたり、有名になりすぎたりすることも本当にある。でもそれを、そういう状態にしてあげた人々にグチらないでほしい。

A・P・ジャンニーニは、31歳で引退できるだけのお金を持っていたけれど、「小者」を助けるために銀行を始めた。とてもよく知っている人々を助けたいと願う、父親なしの移民の子がそこにいた。その理由は知るよしもないけれど、お金でなかったのはまちがいない。たぶんそこに、何とかしたい問題を見て取ったんじゃないだろうか。

問題はすばらしいものだし、特に動機についてはすばらしい。もし問題を十分に気に掛けているなら、その理由はどうあれ、動機は無限大になれる。友人が車の中で寝泊まりしているのを見るというくらい明確な問題。それが問題だと専門家に言ってもらう必要はない。見るだけでよくないとわかる。本当の問題は明らかだ。

問題はまたいくらでもある。起業のためのよいアイデアを探している人は、先月腹を立てたものが何かを考えるだけでいい。たとえば、自分があのガラス作品を売り損ねたのは本当に頭にきた。クレジットカード会社にぼったくられたと感じて本当に頭にきた。自分の月次の明細が理解できなかったり、なぜ得体のしれない理由でお金を取られるのかわからないのも、本当に頭にきた。

自分で問題を選ぶだけじゃダメだ。問題のほうもこちらを選んでくれないと。言い換えると、他の人が選びそうだからというだけでいい加減に問題を選ばず、自分が抱えていると確信できる問題を選ぼう。正しい問題が見つかると、もう怒りは感じない。エネルギーを感じる。

たとえば、ぼくは若者より年寄りのほうを気に掛ける。さて、あと数ヶ月しか生きない人よりも、数十年も生きる人を助けるほうがいいという論理的な理由はいくつか思いつく。でもなぜか、ぼくは年寄りを助けたいと思うのだ。ぼくはボランティアとして、託児所よりは養老院のほうで優秀だ。怒りと魅力は、自分では対象を選べない感情だ。

自分が気に掛ける問題の解決には、魔法のようなところがある。報酬は内面的なものだ。「よくやった」と言ってもらったり、銀行の扉に名前を飾ってもらったりする必要はない。自分でわかる。やったことを知っているのが自分だけでも、その満足感は減らない。実は自分が気に掛ける問題を解決すると、あまりに喜びが大きくて、それを他人に話したいとすら思わない。どうせわかってもらえないもの。

第18章　ゼロに逆戻り

いきなり、勝った。勝利の時点では、スクエアがどうやってアマゾンを打倒したのか見当もつかなかったけれど、5年後の今、これをタイプしている段階ではパターンははっきりしている。だれも解決したことのない問題に没頭するのがどんなものかわかる。コピーしたいという衝動がなぜ強いかもわかる。起業と事業とのちがいもわかるし、イノベーションスタックをどこにでも見つけられる。城壁の外にいるのがどんなものかも知っている。

また人々がこのパターンを見過ごす大きな理由も二つわかった。まず、起業家精神は珍しい。人生のほとんどはコピーのコピーだ。第二に、何か本当に新しいものを見つけても、見つけたものを表現する言葉がない。最近では起業と企業は似たような意味になっている。

それがどうした？　本書を完成してから、研究、結果、データ、詳細、さらにはハーブのタバコの箱まで手に入れた。でもまだ一つの疑問がぼくを苛む。この知識は役に立っただろうか？

強力な現象を理解すれば、その力を身につけるのに役立つのか？

　でもこの新しい知識に価値があるか見極める前に、最近やはり変わったいくつかの変数について も補正する必要があった。スクエアのＩＰＯ以後、人生はかなり異様になったのだ。

大風呂敷

　２０１５年11月19日、スクエアはＮＹＳＥ（ニューヨーク証券取引所）に株式を上場し、ぼくはいきなりこれまでにないほど背が高くておもしろい人物になった。この新しい人気は、これまで会えるなどとは夢にも思わなかった人々にまで及んだ——映画スター、ＭＶＰたち、さらには隠密キャンパー集団まで。もし陰謀理論家なら、はい、森の中で集まる強力な人々の秘密社会が存在するのだと知って大喜びだろう。ぼくはこうしたイベントの一つに、アメリカ大統領の親戚によってエスコートされていった。もっと話したいところだけれど、こういう人は自分のプライバシーを重視する。そしてその重視ぶりをも重視する。

　カモフラージュの上流人種はさておき、ぼくはいきなりお金と、これまで存在すら知らなかった世界へのアクセスを手に入れた。お金、経験、強力な人々とのコネができたら、将来の問題解決は楽になると思った。でも、大したことはなかった。

　食べ物みたいなものだ。飢えは最悪だけれど、だからといって反対の極端を目指すべきだというわけじゃない。この教訓は文字通りの意味で教わった。

スクエアのIPOの後で2回、ぼくはあまりに気取っているので、ディナーコースの料理の一つが空気だというレストランに招待された。[113] 本当にただの空気。皮肉なことに、どっちのレストランもサンフランシスコにあって、そこの空気はしばしば飲んだくれたラグビーチームが、燃え上がったマリファナの塊の火を消そうとしているような匂いがするのだ。

お金、経験、コネは、既存ビジネスに参入したいならすばらしい。お金があれば、その業界で最も才能あるチームを雇えるし、彼らに必要なツールは何でも与えられる。経験は、だれでもその活動を潰し兼ねないと知っているまちがいを回避させてくれる。コネは、重要人物にアイデアをつなぐのに役立つ。でも何かまったく新しいものを作っているなら、そうしたものはほとんど意味がない。

マイケル・ジョーダンは、史上最高のバスケットボール選手と呼ばれたが、キャリアの頂点で野球に鞍替えすることにした。彼は最高のあらゆるもの、トレーナーからツアーバスまで手に入れられるお金はある。驚異的な身体能力と伝説的な頑張りを持っている。でもそのどれも、彼が1年にわたってカーブボールを泥の中で追いかける羽目になるのを防げなかった。その後彼はバスケットに戻ってNBAを制覇した。派手なバスに乗って、自分のブランドの靴をはいて、フリースローのラインからダンクシュートを決められても関係ない。そんなのはバットでボールを打つのには役に立たないのだ。

山ほどのお金とコネがあるのは、みんながやり方を知っているゲームにしか役に立たない。何か新しいことをやるとなると、みんな平等だ。起業家精神はゼロから始まる。起業家と他のみんなを分ける唯一のものは、始めようという意欲だ。みんな同じところから始めると知るのは、何と心安まることか。

振り出しに戻る

スクエアの日々の経営を辞めて、一家はセントルイスに戻った。ぼくはガラススタジオに戻り、古い建物の改修を開始した。手作業で心は落ち着き、手はゴツゴツになった。支払い業界からの変化はありがたいものだ。あの業界は、手はなめらかになったけれど、心はゴツゴツにしたのだ。

ある朝、同僚のアナトリーが震えながら電話を指さしてやってきた。しゃべる言語はちがっても、その写真は恐ろしいまでに明瞭だった。彼の息子ダニイルが、前の晩に町のヤバい地域にピザを配達しているときに、撃たれたのだった。地元病院で瀕死の状態で、哀れな父親はあまりに呆然として、出勤してしまったほどだ。もちろんみんな仕事どころではなかった。みん

113　給仕はガラスの下の煙に隠された謎のデザートを提示した。そして尊大きわまる身ぶり一閃で、その蓋を持ち上げて、その煙こそがデザートなのだと明かした。ゴホッ。

なして、5ガロンの漆喰容器にすわって涙を流したが、やがてどうしようもないのがはっきりした。ダニイル・マクシメンコはその晩死んだ。

その後1年にわたり、ぼくは陰鬱な状態で現実から目を背けた――ぼくの知っているこの町は子供を殺したりしない、と。でも、殺していた。ぼくは、論理の通用しないものを理解しようとしていた。ピザ配達の子を、まだ車の中にいるときに撃つ理由なんかあるだろうか？　この悲劇を理解できず、ぼくはやがて、その犯人たちは精神異常だったのだと結論づけた。

でもその説明の数学はまちがっていた。下手人は3人いて、そのだれでも攻撃を止めることはできた。なら、見知らぬ人間の頭を撃つほどイカレた人物が出てくる確率はどのくらいだろうか。たぶん1000分の1より小さいはずだが、大めに取ってその数字で行こう。下手人たちは3人いて、3人ともイカレていなくてはいけないから、その確率の3乗になるので $(1/1000)^3 = 1/1{,}000{,}000{,}000$ だ。ぼくの「そいつらは精神異常」という説明は、10億分の1の確率でしか正しくない。すると、どうしてもさらにひどい結論が出てくる。わが町の一部では、知らない人の頭を撃つのがなぜか普通のことなのだ。この新しい結論で、ぼくはさらに落ち込んだ。1日2日ほど気が晴れても、新しい漆喰やサラミの匂いで胸がつまる。とうとう、やけになってその殺人現場にでかけてみた。

ダニイルを射殺した少年たちが何を考えていたかわかると言うつもりはない。でもその近隣でしばらく過ごすと、なぜそんな態度を身につけるかはわかってきた。学校は最悪、街路は危険極まりなく、出口はほとんどない。適切な教育がなければ、ほとんどの扉は閉ざされる。ぼくたちがこじ開けられるドアを見つけるまでに、さらに1年かかった。

セントルイスはプログラマを必要としていた。ジャックとぼくが、スクエアの最初のセントルイス事務所を閉鎖したのは、十分な数のプログラマを雇えないからだ。プログラミングは変な職業だ。最高のプログラマは独学で、正規の資格なんてないよりマシという程度でしかない。何百人ものプログラマを雇った経験からいって、成功したプログラマになる傾向の頭脳と人格を持つのは人口の3割程度しかいない。自分で計算したからまちがいない。

セントルイスの貧困線以下で暮らす人は10万人以上いたから、3万人以上の貧困者は、プログラマとして高給取りになれる潜在力を持っている。その天性の才能を持つ集団の1割しか捕捉できなくても出発点としては悪くない。また、プログラマの新たな供給でセントルイスのあらゆる企業の成長に貢献できるのもわかっていた。そこで一石二鳥を目指してローンチコードを立ち上げた。つまり、企業にとっての人材不足と、人々にとっての機会不足だ。

新たな城壁都市を後に

起業家になる決定的な瞬間というのは、自分がソリューションをコピーできないと気がついたときだ。この時点で、何か新しいものを創り出すか、その問題をずっと抱え続けるしかない。

プログラマ不足は世界的だったから、だれかがローンチコードのコピーできるソリューションを持っているだろうと期待していた。でも見つかるのは研修プログラムだけで、高価だし卒業生の多くはプログラミング職につけなかった。すぐにその理由はわかった。

プログラミング市場は、無理もないことだが、単に他の業界でうまく行ったものをコピーしていた。つまりは教育で、これはほとんどの労働力不足に効く。溶接職人が不足したら、その技能の需要で賃金が上がる。お金に釣られて人々は研修を受けて溶接職人になり、仕事を得て、やがて市場が均衡する。でもなぜか、この教育ソリューションの単なるコピーは、プログラミングでは機能しなかった。これは給料が急上昇しているのにプログラマ不足が毎年悪化するという事実が実証している。なぜこのソリューションをコピーできないか学ぶ必要があった。

プログラミングは、溶接や他のほとんどの職業とちがう。プログラマは「負の仕事」ができるからだ。パットがダメな溶接士なら、彼女のやった溶接はダメかもしれないが、被害はそこまでだ。あまりにひどくて、仕事仲間の溶接まで崩壊するなんてことはあり得ない。プログラミングはちがう。パットがひどいプログラマなら、機関銃を持ったサルよりも破壊的になれる。形式のまちがったクエリー文一つでデータベースが丸ごと壊れる。そしてそういうまちがいをいちばんしでかすのは？ 新人だ。

このきわめて論理的な理由から、ほとんどの会社は経験年数2年以下のプログラマは雇わない。経験がないと職もない。したがって、職がないから経験も積めない。セントルイスでは、あまりに多くの会社が新人プログラマを雇わなかったため、求人市場全体が硬直してしまった。新人を雇うだけのリスクを冒したわずかな企業は、本当に市場に罰せられることになってしまった。追加の研修と監督費用を負担させられたのに、新人たちは2年たったら辞めてしまうのだ。これは無理もないことだ。1社でしか仕事がもらえないなら、そこで本当に働きたい可能性はあまり高くない。その求職に応じても、転職できるだけの経験を積むまでだ。プログラマ雇用の市場は壊れていた。

一方、研修のほうも有害な惨状に陥っていた。高賃金のおかげで、長雨の後のキノコのようにコーディングキャンプの群れが乱立した。そしてキノコにありがちなことだけれど、安全なものと有毒のやつとは見分けがつきにくい。期待していた人々は借金をしてこうしたブートキャンプに入り、役立たずな技能しか学べなかった。認定学校も似たり寄ったり。教師の給料は業界の半額で、「教えられない」[114]連中が教えるようになっていた。よい教師ですら、6ヶ月ごとにプログラミングのトレンドが変わる市場に直面したので、カリキュラムがすぐに陳腐化した。プログラマ教育市場も壊れていた。

でもぼくには、この新しい完璧な問題があっただけじゃない。この本の研究もあり、山ほどのお金もあり、コネも、奥深い森林のGPS座標も持っていた。で、それがどれだけ役に立っ

114 「できるヤツは、やる。できないヤツは、教える。教えられないヤツは、体育教師」――ジョージ・バーナード・ショー＆ウッディ・アレン。

たか？

お金とコネは、大した役には立たなかった。ローンチコードは2万ドルで始めた。その初期投資以来、プロジェクトはミルク補給なしに自立している。別に資金調達をしなかったということじゃない。ただ、ぼくのお金は必要なかったということだ。資金源が他にもたっぷりあったからだ。もっと重要な点として、実際に出てきた問題は、お金で解決できるようなものではなかった。

コネもそれほど役に立たなかった。ローンチコードの成功のために何百人もが時間を割いてくれたけれど、それは使命と結果に惹かれたからだ。支持してくれた人の中には民主党支持もいたし共和党支持もいたけれど、別にぼくのためや、ぼくのスクエアでの経験のためでもなかった。ある日オバマ大統領のオフィスから電話がきて、うちのプログラムをすごく気に入って、大統領が卒業生何人かと会いたいと言っているとのこと。そしてオバマ大統領は、ある演説でも絶賛してくれたけれど[115]、でもその後に彼がぼくにかけた唯一の言葉は「きみ、だれ？」だった。

ローンチコードの大きな課題はお金でもコネでもなく、だれもこの技能不足、機会不足の問題を同時に解決したことがないということだった（それを言うなら個別にも解決した人はいなかった）。既存の仕組みの破綻は何十年も前からわかっていた。そうでなければ、プログラマ不足もないし、ピザ配達人を射殺するような苛立った人々もいないはずだ。当初は、教育問題と、求職問題のどちらも解決方法がわからなかった。でも今やイノベーションがどう発達するかわかっていたから、この知識が大きな助けとなった。

既存の仕組みをコピーできないのはわかっていたから、教育を始める前に求人から始めた。いったんプログラマたちに仕事を与える方法がわかったら、すぐにプログラマが足りなくなったから、新人研修が必要だとわかった。でも伝統的な教育はあまりに遅くて高額だったから、ちがう研修が必要だった。ハーバードにはすばらしいオンライン講義があったけれど、修了者は1%しかいなかったから、学生たちを修了させる後押しの手段を見つけねばならない。修了率を5割超に上げる方法を見つけたけれど、おかげで費用が一人100ドルから一人1000ドルに上がった。学費を取りたくなったけれど、価格が起業的な会社にどう影響するか知っていたから、無料を維持するしかなかった。等々。

魔法の治療法ではない。だからローンチコードはこれまで数千人に職を提供できただけだ。その数字を数百万に増やすイノベーションをまだ探しているところだ。ローンチコードの個別具体的なイノベーションスタックはどうでもいい。重要なのは、イノベーションスタックを理・解・し・て・い・た・の・で・、行動にためらいがなくなったということだ。起業家精神について3年も研究し、本を書いているところであっても、この旅路はまだおっかない。仲間、身体、脳みそは、群れに戻れと叫んでいる。

115　全米都市連盟会議でのオバマ大統領発言、2015年3月9日、https://www.c-span.org/video/?c4530694/user-clip-obama-talks-lashanas-success-launchcode.

でもこのパターンはお馴染みだ。問題を見つけ、他の人がどう解決したかを学ぶ。だれも解決していなければ、最初は変な気分でも、何かちがうことをやってみよう。新しいソリューションが新しい問題を創り出したら、同じプロセスの繰り返し。コピーできるものはコピー、必要なら発明。そしてついにソリューションができるまで進み続けろ。賞賛は、それがどうでもよくなってからしかこないのはわかっている。イノベーションスタックの知識が、ぼくたちの動きを後押ししてくれた。そして動くのが鍵だ。

小さく始めろ

本書でぼくが取り上げた企業が、10億ドル規模の化け物だからといって尻込みしないでほしい。このプロセスはもっと小さな問題についても同じくらいうまく機能するし、もっと話が簡単になる。発明一つか二つで問題が解決できたら、おめでとう。1ダース以上もの要素を持つイノベーションスタックは、市場支配力は与えてくれるけれど、発明のための発明はしないで。単純なソリューションこそ美しい。

たとえばわが友グレッグは、息子がショッピングモールでかんしゃくを起こしたとき、新しいソリューションを発明した。その子は何かを求め、親はそれを拒否し、子供はその場でかんしゃくを起こすことにした。起業家精神を忘れないグレッグは、手持ちのリソースで仕事に取りかかった。すぐさま、それをあんぐり眺める野次馬を、正規のかんしゃく採点委員に仕立てたのだ。子供が息を吸い込むと、観客のそれぞれは批評を加え、そのかんしゃくの改善方法を提案し、少年はうつぶせになって、ショッピングモールの桃色のリノリウム床で硬直していた。結果として問題はすばやく解決され、若者は圧倒的にオンラインショッピングを好むようになった。

もっと伝統的な事業をやっていても、多少の起業家精神で競争優位ができる。別の友人は建設会社を経営しているが、そこにひねりがある。彼の開発したイノベーションスタックは、うまく元受刑者を雇用できるようにしているのだ。最近出所したばかりの人を雇うのは、面倒が多いので悪名高い。だから彼は、仕事の仕組みを見直す必要があった。彼のスタックの要素五つは、もっと安定した生産的な労働力を維持できるようにする。労働力不足で有名なこの業界で、彼は競合他社を寄せ付けない。

本書で大きな例を選んだのは、その企業がお馴染みだし、イノベーションスタックの力を実証してくれるからだ。商品商人を世界最大の銀行を構築できるようにした力は、ティーン少年を世界最大の家具店を構築できるようにした力は、ぼくたちみんなにも開かれている。これまで見たように、大起業家ですら、発明のための発明はしない。小さなイノベーションスタックで問題が解決するなら、それで、えーと、問題解決だ。

読まなかったことにはできない

本書を読んだからといって、起業家精神の専門家にはなれない。ぼくだって、これを書いたからといって専門家になれたわけじゃない。新しいものの専門家なんていない。みんな、他のだれも解決していない問題だけで始めるのだ。それを友人と議論することさえできない。ぼくたちのやることを表す言葉はなく、無慈悲な複製のための言葉しかないからだ。でも、助けてくれる強力なプロセスがある。

そしてそのプロセスが、今のあなたには見える！ 起業家精神は珍しいものだけれど、起業の技能はだれでも持っているのがわかったはずだ。起業家は第一歩を踏み出す。実は本書の最初の題名は『平らな地球から踏み出す第一歩』だった。

本書で、あなたかその知り合いがその第一歩と、その先の数多くのステップを踏み出す手助けになれればと願う。ひょっとすると、何かよくないことを目にして、それを単に受け入れるのではなく、何か新しいことを試そうとするかもしれない。多少は自信と、不安と、あるいは理解を得られたと願いたい。あなたを後押ししてくれるものなら何でもいい。

でも本書を読んだあなたは、同時に失ったものもある。今や問題を見て「どうしようもない」とは言えない。「……（当節の言い訳を挿入）がないから自分にはできない」とすら言えない。言えるのは「自分は何もしない道を選ぶ」か「この問題を解決してやるぞ」のどちらかだ。というのも、世界を変えた起業家たちが、その旅路に乗り出したときには、わずかな、いや何の資格も持っていなかったことを見てきたからだ。今や起業家精神について知っている知識のおかげで、問題を解決不能として片づけることはできなくなる。

世界には実に多くの問題があるし、その一部はあなたにとって完璧かもしれない。他の何百万人もが共有しているのに、解決できる専門家が見つからない問題を発見するかもしれない。あなたがその専門家になるかもしれない。コピーによってではなく、何か新しいものを創り出すことで。あなたがこの世界を少し改善してくれるかもしれない。

自分が気に掛ける問題を見つけよう。他にプラスのフィードバックがなくても、やる気が出るような問題を見つけよう。他の人が似たような問題をコピーできるようなやり方で解決していないか調べよう。でも、別の選択肢があることもお忘れなく。というのも、今やあなたはイノベーションがどんなふうに登場し、どう発達するか知っているからだ。真の起業家精神のための資格も知っているし、成功の報酬もわかっている。物事をまっとうにしよう。筋《スクエア》を通そうじゃないか。

本書で紹介した企業のイノベーションスタック

バンク・オブ・イタリー
1.「小者」に注目
2.女性のための銀行
3.低金利
4.直販部隊
5.広告
6.口座最低入金額の引き下げ
7.簡単な融資審査
8.多言語の窓口係
9.開放型のフロアプラン
10.開店時間の延長
11.住宅ローン
12.自動車ローン
13.割賦融資
14.急速拡大
15.支店営業の銀行
16.所有権の分散

スクエア
1.単純に
2.加盟無料
3.安いハードウェア
4.契約なし
5.電話サポートなし
6.美しいソフト
7.美しいハードウェア
8.すばやい決済
9.純額決済
10.低価格
11.広告なし
12.オンライン登録
13.新しい詐欺モデル
14.バランスシートによるアカウンタビリティ

サウスウエスト航空
1．最大限の航空機活用
2．10分間で再出発
3．機材の標準化
4．まとめて搭乗
5．自由席方式
6．単一クラス
7．地方空港
8．直行便
9．食事なし
10．親切な職員
11．バカげたルールなし
12．独自の販売
13．低価格

イケア
1．カタログショールーム
2．外国製造
3．効率的な工場
4．分解式家具
5．自分で組み立てる家具
6．カスタム設計
7．互換パーツ
8．グローバルなサプライチェーン
9．倉庫兼ショールーム
10．くねる通路
11．食べ物と託児所
12．低価格

謝辞

重要なことを自分だけで達成したことはない。また初回で何かをまともにできたこともない。この本もそうで、今や7回目の改稿だ。

最初の草稿は、何時間にもわたるぼくの録音をもとに、つぎはぎでまとめるのを手伝ってくれたジェフ・アレクサンダーとダン・ジェセフソンの成果から生まれた。その後の6回の改稿で生き残ったのはほんの数段落だけだけれど、それが必要となる出発点だった。

それから友人エイミー・シャーフを引っ張り込んで、最後の5回の改稿における編集者と共同作業者に仕立てた。エイミーもぼくも、作文はセントルイスのラデュー公立高校で学んだ。ここの英文科は、ほとんどのリベラルアーツ系大学よりもマシだ。エイミー、きみの作文と正直なフィードバックは、本書の現状には不可欠だった。

ダグ・アウアー、ジョン・バーグルンド、ジャック・ドーシー、アキレス・カラカス、ジョー・マックスウェル、ジェフ・マズール、マシュー・ポーター、グレッグ・ロジャーズ、ぼくたちの創始した組織を率いてくれてありがとう。きみたちの日々の努力がなければ、ぼくは何も新しいことを始められない。その仕事について、ぼくは深い敬意を払うものだ。

両親ジェイムズ&エディス・マッケルビーは、頼まれもしない助言一切なしに、すべては可能なんだと信じるようぼくを育ててくれた。ママが死んでから家族に加わったジュディ・マッケルビーも、何が可能かについてのぼくのお手本の一人だ。

ハーブ・ケレハー。鷹揚に時間を割いてくれたし、あなたにもっと時間が与えられていればと思う。いなくなって寂しい。ジム・レヴァインは、ぼくのアイドル数人のエージェントだけれど、この原稿の売り込みを手伝ってくれただけでなく、それをまともな構成にする手伝いもしてくれた。5回目から7回目までの改稿は、ジムの不審げな眉の監督下で行われた。

トレヴァー・ゴーリングは、A・P・ジャンニーニの物語をすばらしい劇画にしてくれたけれど、完全に削除されてしまった。台詞より絵で語るのだ。ジム・ケラーは、ロックスター級のチップ設計者で、他のみんながこれで十分と思ったときに、率直なフィードバックをくれた。十分なんかじゃなかった。願わくば、今は十分だろうか。ポートフォリオ社のカウシック・ヴィスワナス、トリッシュ・ダリー、エイドリアン・ザックハイムは、本書を洗練されたものにしてくれた。かつて印刷会社を所有していた人物として言わせてもらうと、きみたちみたいなプロがいるから、ぼくは絶対に自費出版なんかしないのだ。

アナ、ジミー、マーガレット。地球上のどこにいようとも、家にいるような気分にさせてくれてありがとう。

訳者解説

はじめに

本書はJim McKelvey *The Innovation Stack* 全訳となる。翻訳にあたっては原著出版者からの最終版PDFとハードカバー版を底本として使用した。

本書の概要

本書の著者は、あのスクエア社の創業者だ。「あのスクエア社」といってご存じの方はそこそこいるだろうか。本書を訳す前の訳者の認識だと、スマホにつけた小さいリーダーでクレジットカードを読み取り、大げさなクレカ端末がなくても（したがって初期投資を抑えて）決済できるようにして、一世を風靡したITスタートアップ企業だ。なおスクエア社は自社の日本語版サイトではすべて英文表示のSquareで通しているが、縦書きにすると見づらいので本書ではカタカナ表記にしている。

そのスクエア社が、あのネット通販（だけではないが）の覇者たるアマゾンに、類似サービスを立ち上げられてしまう。が、資本力も技術力もマンパワーも桁違い（それも1桁どころか5桁くらいちがう）のアマゾンを相手に、スクエア社は勝利してしまう。アマゾン対抗の秘策とはなんだったのか？　同社の秘密とは？　それが本書の題名でもある「イノベーションスタック」なのだ、と著者は言う。それは何なのか？　スクエア社はどのようにしてそれを獲得したのか？

だが単純な創業苦労話と自慢にはとどまらない。本書はスクエア社の成り立ちと、アマゾンとの戦いを論じる中で、イノベーションというものについての認識を変えようとする。アマゾンに勝てたのも、同社のイノベーションのためだ。それはどういうものなのか？　そして著者は同時に、それに基づく起業というもののあり方について、もの申そうとする。本当に世界を変えるイノベーションとは何か？　どういう状況で、なんのために登場し、なぜ続いたのか？　著者は、スクエア社に加え、他のいくつかの革新的（当時は）な起業の事例を見つつ、それを探り、イノベーションと起業の本質に迫ろうとする。

イノベーションとイノベーションスタック

ある意味で、これはタイムリーな本ではある。というのも……イノベーションというのは、今やあまりにお手軽に使われ、手垢にまみれ、濫用されてしまったために、本来の「革新」の意味合いを失うどころか、これほど鈍くさいイメージの言葉もないほどになってしまっている。

新しいものを生み出すどころか、既定路線の付和雷同に終始して世界を金融危機に追いやったMBAどもの今の旗印はイノベーションで、みんな同じことをして他の人の真似をする「イノベーター」がそこらじゅうにいる。ミカンを青く塗ってみました、という程度の「新しさ」がイノベーション扱いされ、何やら楽しげに自転車で草原を走る（中身と何も関係ない）イメージビデオを背負ったニーチャンネーチャンが、だれかのあぶく銭をもらってTEDで「絶え間ないイノベーションこそ成功の秘訣」ときいたふうな口をきいてみせる。

そして世間のほうも、表向きはイノベーションをほめそやすふりをするが、それが自分のほうにやってくると、あれやこれやとケチをつけてそれを潰そうとする。自分が何かを変える必要のない、うわべのお化粧イノベーションは、適当に遊ばせてもらえるけれど、実際に古くなっている様々な仕組みを変えようとしたら、急にみんな手のひらを返す。せいぜいが、ちょっと「実証実験」をやっておしまい。

イノベーションって、そんなもんじゃねーよ、と著者は言う。イノベーションと対になって登場することの多い、起業家というものだってそうだ。小ぎれいなおかざりじゃない。上辺の目新しさなんかじゃない。解決したい問題があって、それを既存の方法のコピーでは解決できないとき、ほとんど他に道がないから仕方なく自分で創るのがイノベーションだ。

そしてそれは、単発の思いつき、ではない。一つのイノベーションは、他のところに無理や課題を引き起こす。そしてそれを解決するためには、また別のイノベーションも必要となる。

それがまた生み出す課題のために、さらなるイノベーションが……気がつくと、無数のイノベーションが絡み合っている。どれか一つだけ真似しても意味がない。その数多くの仕組みすべてのまとまりが価値を持つ。

これが彼の述べる、イノベーションスタックとなる。それが製品やサービスの価値を創り、アマゾンすら撃退できる強さを生む！

これが本書の主な主張だ。そしてそれは、他の本当に革新的な（革新的すぎて、今や常識になってしまったものもふくめ）新興企業にも見られるのだ、という。本書はそれを詳しく分析する。

だがもちろん、これだけでは何のことかわからないだろう。ちょっとでも好奇心を惹かれた方は、是非本文をどうぞ。

何のためのイノベーション？

そしてこうした、かなり真面目なイノベーション論が、ギャグとお笑いエピソード、ダジャレに悪ふざけをまぶして展開されるのが本書の魅力となっている。いろいろ笑えるエピソードにも事欠かない。著者はガラス吹きアーティストでもあり、なんとあの伝説的なかっこいいカードリーダーのプロトタイプを自分で作った！その製造も自分で中国深圳に一年滞在して監督した模様（その部分の話があまりないのは、深圳ファンの訳者としてはちょっと残念）。思いつきに留まらず、そのエグゼキューションまで自らの手で行い、それによりすばやい製品の改善を実現する様子なども含め、本書で著者があまり強調していない部分にも、イノベーションによる起業の様々なヒントが隠されているし、それを著者が（かなり胃の痛くなりそうな状況も含め）実に楽しげに書いてみせているのは、読んでいて（訳していても）実に楽しい。注にもいろいろ小ネタが大量に仕込んであるので、是非お見逃しなく。

そして、一見おふざけばかりのように見える中から、次第に彼の真面目な主張が浮かび上がってくる。イノベーションのためのイノベーションなんか、やっても仕方ない。目新しければいいってもんじゃない。大事なのは、この世にある問題を解決することだ。この世を少しでもよくすることだ。イノベーションはあくまでそのための手段だ。それを見失ってはいけない。

そしてその「問題」も、出来合いではない。自分にとって重要なものでなくてはならない。しばしば社会派起業と称する人たちが、SDGsのお題目をそのまま引っ張ってきたような「問題」の解決をあれこれ謳ってみせる。でもそういう人々が掲げてみせる多くの「問題」は、実に抽象的で借り物めいていることも多い。まずは自分にとって本当に重要な問題を探そう。それをどうにかしよう。本書では、スクエアの後で著者が取り組んだ各種の試みも紹介されていて、いずれもきわめて個人的な動機から生じている。そしてそのために、本書はイノベーションネタのビジネス書より、少し深い本になっていると思うのだが、どうだろう。

他のイノベーション本

ちなみに、最近他にもいろいろイノベーションを主題にした本は出ている。本書の主張は、それら（のまともなもの）と呼応する部分が多いのは興味深い。

たとえば本書でいうイノベーションスタックというのは、見方を変えればイノベーションというのがプロセスだ、ということだ。飛行機は、別にライト兄弟の一つの思いつき（たとえば翼の形）ではない。その思いつきなら他の人もやっていた。でもそれに伴う機体、エンジン、燃料、その他様々にからみあった問題をだんだん解決する中で、飛行機というものが生まれてくる。そうしたプロセスの総体がイノベーションなのだ。

これはまさに、最近出たマット・リドレー『人類とイノベーション』（NewsPicksパブリッシング、2021）の主題だ。イノベーションというと、つい天才のひらめき、みたいな話をみんな期待してしまう。でも実際のイノベーションで重要なのは、それを実装する過程であり、その中での工夫だ。その過程の積み重ねが、本書の著者のいうイノベーションスタックとなる。

そして同時にこれは、おもしろいテーマを提示してくれる。それは中国にあるスタートアップ支援のアクセラレーターが語っていた、「中国にコピーされるリスクと、中国にコピーされないリスク」に関係している。

どういうことか？

コピーされるリスクはわかりやすい。クラウドファンディングなどでしばしば見られる現象として、何かいいアイデアでお金を集めて、中国で量産に入ると、それが仕上がる前に中国の業者が（ときにその量産を請け負った会社が）それを自社製品として販売開始してしまい、もとの会社が販売を開始した頃には市場が完全に食い荒らされてしまう、という事態だ。これはもちろん、スタートアップの存続に関わる事態だ。新製品が出た時点で陳腐化している！こんな怖いことはない。

これに対抗するため、MBAのイノベーション講義などでは、だから知的財産が重要なのだ、特許だNDAだ云々、秘密は厳守だ、という話が出てくる。

が……もう一つあるのが、中国にコピーされないリスクだ。これはわかりにくいが、中国の業者がコピーしようとしないような製品は、そもそも市場性がないということだ。ある意味で、コピーされるというのは名誉なことであり、マーケットリサーチにもなる。知財だの守秘義務だのを頑張りすぎると、それが使えなくなる。場合によっては、どんどんコピーしてくれて劣化商品が出回れば、それが市場を作ってくれることさえもある。

すると答えは？部分的にはコピーできても、完全にはコピーできないようなものを作ることだ。ハードは真似られても、ソフトは真似られない。他の製品との連携は真似られない——そうした絡み合った多くのイノベーションを持つ製品を作ることで、部分的にコピーされてもまったく問題ない強い製品ができあがる。

これはまさに、本書でいうイノベーションスタックのお話だ。そしてその知見は、相手がアマゾンだろうと中国のコピー業者だろうと関係ないこともわかる。スクエア社は、少なくとも本書によれば、自分たちの製品やサービスを保護するにあたり、知的財産権に頼る必要はなかった。これをどこまで一般化できるかは、場合によってちがってはくるだろう。でもイノベーションをめぐる重要なポイントではある。そしてこれ以外にも、本書は様々に応用できる多くの知見がこめられている。読者それぞれに、自分なりの発見があることを祈りたい。

最後に

実は本書の原著が出たのは耳にしていたが、ありがちなビジネス書的イノベーション礼賛本だろうと思ってパスしていた。翻訳の依頼を受けてから読んでみて、自分の目の節穴ぶりを大いに恥じた次第だ。依頼をくれた東洋館出版社の畑中潤氏には大いに感謝する。ありがとうございます!

本書の翻訳は(特に同時に翻訳していた千ページ超のすさまじい本に比べれば)字もあまり詰まっておらず、ギャグまみれで、実にスラスラと楽しいものだった。おもしろかったので小ネタも含め、原著のおふざけ感は精一杯活かしたつもりだ。

とはいえ、別にこの本だけ特別扱いでそうしているわけではない。他の訳書でもふつうにやっていることだ。ただそれをやると、しばしば「翻訳がふざけている、格調高い原文を山形が下品に改ざんした」などと、不当な罵倒をされることも多い。そして本書は、そのおふざけぶりがかなり徹底している。

ホントに原文もこのくらいふざけた書きぶりなので、そのつもりでお読みあれ。そして、ふざけていても――いや、ある意味でふざけているからこそ――そのきわめて真摯な主張を是非とも読み取ってほしい。ご立派で偉そうな書きぶりだからといって、中身もご立派とは限らない。多くの本は、むしろ中身のなさ、ふざけた中身をごまかすために、むずかしげでご立派な書きぶりをしたがる。本書は、そういう本ではない。

翻訳のまちがいはないはずだが、もし何かお気づきの点があれば訳者までご一報いただきたい。サポートページ https://cruel.org/books/innovationstack/ の正誤表に随時反映させていただくので。ページが Not found になるようなら、まだまちがいが見つかっていないということだが、いつまで続きますやら。では。

2021年5月　コロナ禍の東京にて

山形浩生（hiyori13@alum.mit.edu）

[著者紹介]

ジム・マッケルビー
(JIM McKELVEY)

起業家、発明家、慈善家、アーティスト。スクエアの共同創設者の一人で、2010年までは経営会議会長、現在もその理事を務める。2011年には彼の印象的なカードリーダーの設計がニューヨーク近代美術館に収められた。また、オンラインコンテンツの経済を再構築するインヴィジビリティ社、IT雇用に向けた研修を行う非営利団体ローンチコード、セントルイスの公共アクセス型ガラスアート加工スタジオのサードディグリーガラスファクトリーを創設している。2017年にはセントルイス連邦準備銀行の独立ディレクターに任命されている。

[訳者紹介]

山形 浩生
(YAMAGATA HIROO)

評論家・翻訳家。開発援助関連調査のかたわら、科学、文化、経済からコンピュータまで広範な分野での翻訳、執筆活動を行う。

著書に『新教養主義宣言』『要するに』『訳者解説』『プロトタイプシティ』(共著)ほか。訳書にチャールズ・ウィーラン『経済学をまる裸にする』『統計学をまる裸にする』『MONEY もう一度学ぶお金のしくみ』、ケインズ『雇用、利子、お金の一般理論』、ピケティ『21世紀の資本』、クルーグマン『クルーグマン教授の経済入門』『さっさと不況を終わらせろ』、エアーズ『その数学が戦略を決める』、伊藤穰一/ハウ『9 プリンシプルズ』、マシュー・ハインドマン『デジタルエコノミーの罠』ほか多数。

INNOVATION STACK（イノベーションスタック）
だれにも真似できないビジネスを創る

2021（令和３）年 10 月 10 日　初版第１刷発行

著　　者：ジム・マッケルビー
訳　　者：山形 浩生
発 行 者：錦織 圭之介
発 行 所：株式会社 東洋館出版社
〒113-0021　東京都文京区本駒込５丁目 16 番７号
営業部　TEL　：03-3823-9206
FAX：03-3823-9208
編集部　TEL　：03-3823-9207
FAX：03-3823-9209
振替　00180-7-96823
ＵＲＬ　http://www.toyokan.co.jp

［装　丁］水戸部功
［印刷・製本］　岩岡印刷株式会社
ISBN978-4-491-04548-1 / Printed in Japan